MA PLACE AU
SOLEIL

Gilles Ste-Croix

MA PLACE AU SOLEIL

Récit biographique d'un des fondateurs du Cirque du Soleil

LES ÉDITIONS **LA PRESSE**

Catalogage avant publication de Bibliothèque et Archives
nationales du Québec et Bibliothèque et Archives Canada

Ste-Croix, Gilles, 1949-
Ma place au soleil : récit biographique d'un des fondateurs du Cirque du Soleil
ISBN 978-2-89705-454-0

1. Ste-Croix, Gilles. 2. Cirque du Soleil - Histoire. 3. Cirque - Personnel -
Québec (Province) - Biographies. I. Fourlanty, Éric, 1960- . II. Titre.

GV1811.S24A3 2016   791.3092   C2016-941181-8

Présidente : Caroline Jamet
Directeur de l'édition : Jean-François Bouchard
Directrice de la commercialisation : Sandrine Donkers
Responsable, gestion de la production : Carla Menza
Communications : Marie-Pierre Hamel

Éditeur délégué : Éric Fourlanty
Conception graphique : Célia Provencher-Galarneau
Révision linguistique et correction d'épreuves : Pierre Guénette
Photographie de la couverture : © Richard Geoffrion/
    richardgeoffrionphotographe.com

L'éditeur bénéficie du soutien de la Société de développement des entreprises
culturelles du Québec (SODEC) pour son programme d'édition et pour ses
activités de promotion.

L'éditeur remercie le gouvernement du Québec de l'aide financière accordée à
l'édition de cet ouvrage par l'entremise du Programme de crédit d'impôt pour
l'édition de livres, administré par la SODEC.

Nous reconnaissons l'aide financière du gouvernement du Canada par l'entremise du Fonds du livre du Canada (FLC).

LES ÉDITIONS **LA PRESSE**
Les Éditions La Presse
750, boul Saint-Laurent
Montréal (Québec)
H2Y 2Z4

Celui qui marche sur des échasses
peut traverser monts et rivières
et atteindre les îles des immortels
comme les grandes grues blanches.

Attribué à Lao Tseu

INTRODUCTION

Le village de San Francisco est niché entre la jungle qui descend des hauteurs de la Sierra Madre et les eaux turquoise du Pacifique. Les gens du coin l'appellent San Pancho. C'est un lieu encore préservé du Mexique, où je passe mes hivers depuis plusieurs années. C'est là qu'en 2011, j'ai fondé le Circo de Los Niños, le cirque des enfants. Depuis, dans un immense hangar aux couleurs chatoyantes, près de 150 enfants de 6 à 16 ans apprennent les rudiments du cirque : trapèze, jonglerie, funambulisme, acrobatie et trampoline. Chaque année, les *niños* de la région présentent un spectacle pour la population. En apprenant le théâtre, le cirque, le spectacle vivant, ils rêvent de voir plus loin que l'océan, plus haut que les montagnes qui les entourent.

Chaque fois, ce spectacle me donne des ailes et me ramène à mon enfance, au fin fond de l'Abitibi, et à ma jeunesse, vécue de Vancouver à Baie-Saint-Paul, en passant par Victoriaville. À chaque représentation, ces enfants, qui ont le regard tourné vers demain, me font revivre les débuts du Cirque du Soleil, l'aventure qui a le plus marqué ma vie professionnelle, et ma vie tout court. Une aventure qui, pour moi, a duré plus de trente-cinq ans et m'a permis de trouver ma place dans le monde, une place « à part », ma place au soleil…

Très tôt, je me suis senti différent des autres enfants. À l'époque, on aurait peut-être posé l'un de ces diagnostics avec lesquels on étiquette aujourd'hui les enfants un peu hors-norme. Quand j'étais petit, on disait simplement: «Gilles, y est spécial!» Je me suis toujours senti «spécial», mais jamais exclu. J'ai toujours aimé les gens, les rencontres, les découvertes, et j'ai vécu beaucoup de choses extraordinaires, vraiment hors de l'ordinaire. Peut-être parce que depuis longtemps, c'est dans ma nature de voir l'imaginaire dans le réel, le merveilleux dans ce qui nous entoure. Dans la vie, tout simplement.

Entre une enfance qui semble sortie tout droit du 19ᵉ siècle, dans un village qui n'existe plus aujourd'hui, et un cirque pour les enfants d'un village mexicain, qu'ai-je fait pendant ces soixante ans? C'est ce que je vais tenter de vous raconter dans ce livre. J'espère que l'histoire de ma vie vous amusera et vous inspirera. J'espère qu'elle vous fera suffisamment rêver pour vous donner l'élan – comme Alexis le Trotteur, celui par qui tout a commencé pour moi – d'aller voir où est votre bonheur, au bout du monde ou juste à côté.

Pour embrasser l'horizon, il faut s'élever.

UNE JEUNESSE EN ABITIBI

DU PLUS LOIN QUE JE ME SOUVIENNE, MON PÈRE ME RACONTAIT des histoires sur Alexis Lapointe, dit Alexis le Trotteur. Né à La Malbaie, dans Charlevoix, Alexis a vécu au tournant du 20ᵉ siècle. C'était un esprit libre, qui aimait les gens et les faisait danser en jouant de la musique à bouche. On se souvient aujourd'hui de lui parce qu'il courait plus vite qu'un cheval, et même qu'un train. De nos jours, il serait probablement un genre d'amuseur public, mais, à son époque, on le prenait pour un simple d'esprit. Mon père, né en 1900, a connu Alexis. Dans ma tendre enfance, il me racontait ses prouesses surhumaines avec une précision qui me fascinait. Les exploits de ce personnage hors-norme ont marqué mon imagination d'enfant au point que, trente ans plus tard, j'en ferai le sujet du premier spectacle des Échassiers de Baie-Saint-Paul, une troupe d'amuseurs publics que j'ai créée et qui donnera naissance au Cirque du Soleil.

Je n'ai jamais couru aussi vite qu'Alexis, mais j'ai parcouru beaucoup de chemin au cours de ma vie et j'ai gravi de nombreux sommets depuis que mon père me racontait cette légende.

Pourtant, rien ne me prédestinait à sillonner la planète et à explorer des univers dont je ne soupçonnais même pas l'existence. À la réflexion, peut-être bien que, moi aussi, j'ai été un genre de défricheur. Comme mon père. Mon père s'appelait François-Xavier Ste-Croix. Il est né aux États-Unis, dans le Maine, à l'époque des filatures. Dans les années 1930, quand il est parti pour Beaucanton, un petit village aux environs de La Sarre, en Abitibi, chaque colon avait droit à un bœuf, un sac de grains à semer et une terre en bois *deboutte* de 100 acres, soit un mile de long par un quart de mile de large. Mon père est allé chercher son bœuf à pied parce qu'à l'époque, le chemin de fer s'arrêtait à Amos. Il a donc marché plus de 100 kilomètres à travers bois, sur des chemins de terre, pour aller chercher l'animal! Cette terre d'Abitibi était plantée d'une forêt dense d'épinettes noires, infestée de mouches et, souvent, peu propice à l'agriculture. Il fallait couper les arbres et construire sa maison et sa grange de ses mains. Il fallait défricher et cultiver cette terre parfois aride, trop peu nourrie par des étés trop courts. C'est ce que mon père a fait. La vie était dure, mais c'était la Grande Dépression et, dans les villes, les gens mouraient de faim. Ils tentaient leur chance là où ils le pouvaient.

François-Xavier a toujours eu du cœur à l'ouvrage et il venait d'une lignée de durs à cuire. Après la Conquête, mes ancêtres, trois frères Ste-Croix, sont partis de l'île de Jersey, une possession britannique au large de la Bretagne, et se sont installés dans la Baie-des-Chaleurs, en Gaspésie. Ils étaient cultivateurs et ils ont tous les trois épousé des femmes micmaques. J'ai donc des racines bretonnes et amérindiennes. Tout un mélange! Encore aujourd'hui, et depuis toujours, j'ai un grand respect pour les peuples amérindiens. Mon grand-père était bûcheron et, ma grand-mère, *ramancheuse*, le nom que l'on donnait à l'époque à une femme qui replaçait les os disjoints et connaissait le secret des plantes. Ma grand-mère Ste-Croix est venue vivre en Abitibi quand trois de ses fils y ont déménagé, et j'ai passé quelques étés chez elle. Elle avait les yeux bleus, très clairs et très perçants. Elle était baignée de ce mystère propre aux gens qui ont le don de la guérison, et son regard me glaçait le sang. Tandis que nous nous promenions dans le village, elle me tenait par la main en me racontant des histoires qui me fascinaient. Comme celle de sa mère, elle aussi *ramancheuse*, retrouvée morte au printemps, en haut d'un arbre dans lequel elle avait grimpé pour cueillir des pousses médicinales. De quoi marquer l'esprit d'un petit garçon... Elle me disait combien il avait été dur pour elle de travailler dans les filatures de l'est des États-Unis tandis que son mari trimait sur les chantiers. C'était une époque très difficile pour les Canadiens français, souvent obligés de s'expatrier pour trouver des emplois et qui devaient parfois rester aux États-Unis plusieurs années. Quand mes grands-parents sont revenus au Québec, au début du 20ᵉ siècle, mon père avait cinq ans et parlait très mal le français. Les enfants de son âge se moquaient de lui. Il n'aimait pas l'école et, très jeune, il est parti sur les chantiers avec son père pour conduire des attelages de chevaux.

Un été où j'étais en visite chez ma grand-mère, la grange du voisin a pris feu. Sans le dire à ma grand-mère, je suis allé voir l'incendie. Alors que les adultes étaient occupés, je me suis rendu à l'arrière de la grange avec un enfant du propriétaire. Le feu faisait rage et nous avons entendu hennir et ruer. Il était clair qu'un cheval était encore attaché dans l'étable.

Nous avons ouvert une porte et nous nous sommes engouffrés dans l'étable enfumée. Le garçon savait où aller pour détacher le cheval. Aussitôt libéré, l'animal s'est rué vers la sortie, et nous aussi. Je suis retourné chez ma grand-mère. Elle m'a disputé parce que je sentais la fumée, mais je ne lui ai jamais soufflé mot de mon aventure de peur d'être sévèrement puni.

Je suis né à 10 h 20, le 5 septembre 1949. Je suis ce qu'on appelait dans ce temps-là « un enfant du deuxième lit ». Quand mon père est arrivé en Abitibi, il était déjà marié et avait cinq enfants. Au début des années 1940, sa femme est tombée malade et a eu besoin d'une transfusion sanguine. À cette époque, il n'y avait pas de médecin dans cette région reculée. Une garde-malade lui a donné du sang qui n'était pas compatible avec le sien. Elle est morte sur le coup. Après la période de veuvage convenable, le curé de la paroisse a dit à mon père : « François-Xavier, tu ne peux pas élever tes enfants seul. Je vais t'aider à trouver une épouse. »

Mon père a donc épousé ma mère, Marie-Anne Émond, une enseignante qui avait voulu être religieuse, mais qui avait renoncé à sa vocation. « Vous vouliez donner votre vie à Dieu, a dit le curé à ma mère. Vous pouvez la donner d'une autre façon et le servir autrement. En épousant monsieur Ste-Croix, un bon chrétien, vous ferez le don que vous vouliez faire au Seigneur et vous pourrez prendre soin de cette famille. »

Certains pourraient dire que mon père a « abusé de la charité » de ma mère puisqu'il a eu trois enfants avec elle ! Marc-André, qui avait quatre ans de plus que moi et qui est mort dans un accident d'auto, moi, et mon frère Louis-Marie, aujourd'hui à la retraite. Quand je suis né, notre demi-sœur et nos demi-frères, ceux du « premier lit », étaient déjà partis de la maison.

J'ai donc grandi avec mes deux frères, dans la petite maison en bois rond –15 pieds par 22! – que mon père avait construite dans le 5ᵉ rang, et qui n'existe plus depuis longtemps.

J'avais deux ans quand mon père est tombé gravement malade. Enfant, il avait avalé une pièce de métal qui s'était logée dans l'un de ses poumons. Lorsque sa mère lui demandait s'il l'avait passée dans ses selles, il lui répondait que oui parce qu'il avait peur d'aller chez le docteur. Avec les années, le morceau de métal s'est corrodé et a infecté son poumon. À cinquante ans, il s'est mis à cracher du sang. Mes parents sont allés à l'hôpital de Rouyn, puis dans un hôpital de Montréal, où les médecins ont fait des radiographies des poumons de mon père. Ils n'en revenaient pas qu'il ait survécu avec ce morceau de métal de la taille d'un 25 cents logé depuis si longtemps dans un poumon. Au début des années 1950, un poumon aussi défectueux était «écrasé». Mon père a donc vécu le restant de ses jours avec un seul poumon.

L'assurance-maladie n'existant pas encore, ma mère a dû travailler d'arrache-pied pour payer les frais d'hôpitaux et les soins médicaux. Elle ne pouvait plus s'occuper de nous. Marc-André et moi avons donc été placés à l'orphelinat Saint-Michel, à Rouyn-Noranda, un grand établissement en pierre grise, assez austère, tenu par des religieuses. Nous y sommes restés pendant un an et demi. Je me souviens très bien de ma petite enfance, mais ce fut un tel choc d'être séparé de ma mère à deux ans que je n'ai aucun souvenir d'avant ce séjour à l'orphelinat.

Je me souviens par contre d'avoir été maltraité par les autres enfants. Mon frère me protégeait beaucoup et il se faisait souvent taper dessus. Nous étions de vrais souffre-douleur.

Je pense que les enfants nous écœuraient parce que nous avions des parents et que, eux, ils n'en avaient pas. Dans les années qui suivirent, j'ai longtemps cru que j'avais été adopté parce que j'étais physiquement très différent de mes frères, qui étaient plus costauds que moi. Adultes, ils pesaient entre 200 et 300 livres alors que, moi, enfant comme adulte, j'ai toujours plutôt ressemblé à une paire d'échasses ! Je me disais que ma mère m'avait adopté quand elle était venue nous chercher à l'orphelinat.

C'est à cet âge que j'ai connu les sentiments d'injustice, de solitude et d'abandon. Je pense que les enfants qui ressentent aussi vivement des sentiments douloureux en bas âge développent une force de caractère et une sensibilité qui, avec un peu de chance et de hasard, peuvent leur être bénéfiques plus tard. Heureusement, je n'ai pas que des souvenirs douloureux de l'orphelinat. L'un des plus doux est d'y avoir appris à patiner. Un jour, je m'en souviens comme si c'était hier, je devais avoir trois ans, une petite fille attachait mes patins, à genoux devant moi. Je lui ai dit : « Quand je serai grand, je vais t'épouser. » J'étais plutôt précoce en amour !

Marc-André et moi sommes revenus à la ferme quand mon père est rentré de l'hôpital. Il n'avait plus d'animaux. Il avait été obligé de les vendre parce qu'il ne pouvait plus s'en occuper. Auparavant, nous avions des vaches, des poules, des cochons et des chevaux. Mon père avait une jument, qui s'appelait Mignonne, et dont il était très fier. J'étais content d'être rentré chez nous, mais triste d'avoir perdu Mignonne. Mon père aussi était triste, mais pas seulement à cause de la perte de sa jument. Il ne travaillait plus, il passait son temps au lit, il toussait et il crachait. Il ne pouvait même plus pelleter la neige, et les voisins devaient venir faire les foins.

Mon enfance peut paraître dure à un jeune d'aujourd'hui, mais, même s'il y a eu des moments difficiles, je n'étais pas malheureux. J'aimais jouer à cache-cache avec mon frère. Ma cachette préférée était la mangeoire de la jument de mon père. Je m'enfonçais dans le foin et je ne bougeais plus. Le gros nez de Mignonne se baissait pour me sentir pendant que je le caressais. Il est même arrivé que je m'y endorme parce que mon frère ne m'avait pas trouvé.

Le grand événement de mes six ans a été l'arrivée de l'électricité dans la maison. Quand j'y songe aujourd'hui, il est un peu étrange de penser que j'ai connu cela, mais, en 1955, dans un coin aussi reculé que Beaucanton, c'était toute une révolution. Nous entrions dans l'ère moderne ! Au début, l'électricité ne servait qu'à s'éclairer, avec une ampoule accrochée au milieu de chaque pièce. Le chauffage et la cuisine se faisaient au bois. Quand mon père a acheté un poste de radio, c'était uniquement pour écouter le chapelet. Il nous disait qu'il ne voulait pas l'user ! Parfois, le samedi, il écoutait de la musique classique et de l'opéra. Il a fallu attendre encore cinq ans pour avoir un téléviseur. Notre maison, que mon père avait construite de ses mains, était minuscule et isolée dans le 5e rang, qui n'était pas déblayé en hiver. Ma mère devait donc marcher assez longtemps jusqu'à l'école pour y enseigner. Une année, elle a dit à mon père :

« Si je pouvais habiter dans l'école pour l'hiver, ce serait plus facile.

— D'accord, on y va avec toi », lui a dit mon père.

Nous avons fermé la maison jusqu'au printemps et nous sommes partis vivre dans l'école où enseignait ma mère. Une petite pièce attenante à la salle de classe faisait office de cuisine et de chambre à coucher pour mes parents. Le soir venu, mon frère et moi placions deux pupitres côte à côte et posions un matelas par-dessus pour y dormir. Le matin, nous le roulions, le rangions et marchions jusqu'à notre école, celle du village. En effet, ma mère ne voulait pas nous enseigner pour éviter, disait-elle, la jalousie des autres élèves. En fait, mon frère et moi étions toujours dans une école, de jour comme de nuit ! A la belle saison, nous partions à pied et une camionnette nous amenait à l'école. En hiver, c'était une motoneige Bombardier, le premier modèle, une grosse machine avec le moteur à l'arrière, qui passait au bout du rang pour nous conduire à l'école. Comme la route n'était pas vraiment ouverte, nous passions par la forêt. C'était magique d'entendre vrombir le grondement de ce moteur puissant dans le silence des bois enneigés. L'été, nous retournions à la ferme. Mon père aimait poser des collets pour attraper des lièvres. Je jouais dehors ou dans la grange, je pêchais dans le ruisseau. C'était une belle vie.

Quand mon petit frère Louis-Marie est né, j'ai entendu des gens dire que ma mère était allée «l'acheter». À l'époque, c'était l'expression consacrée pour parler d'une femme qui venait d'accoucher, mais je n'aimais pas du tout l'idée que ma mère ait acheté un petit frère ! Nous vivions tous les cinq sur son salaire d'enseignante : ce n'était pas la grande misère, mais presque. Peu de temps après Noël, des hommes sont arrivés chez nous les bras chargés de cadeaux. On aurait dit les rois mages ! C'était des Chevaliers de Colomb, une association d'entraide dont mon père faisait partie, qui venait en aide aux familles dans le besoin. Voyant que mon père était malade et que nous étions pauvres, ils nous ont donné des jouets, des traîneaux, et même des skis. J'étais très content d'être pauvre! L'année suivante, ils ne sont pas revenus, et j'ai regretté que ne nous ne soyons plus suffisamment dans le besoin!

J'étais un enfant allumé, curieux et toujours en train d'explorer et de poser des questions – ce qui achalait mon père, peut-être parce qu'il ne pouvait pas y répondre. Comme beaucoup d'hommes de sa génération, il avait dû commencer à travailler très jeune, et il ne savait ni lire ni écrire. Il rêvait que ses enfants fassent mieux que lui. C'est la raison pour laquelle il était très exigeant avec nous. Et son incapacité à travailler devait lui miner le moral. J'étais un peu tannant et j'avais le nez fourré partout. Je n'étais pas méchant, mais j'avais toujours un plan en tête pour faire rire ou faire un mauvais coup. Je n'arrêtais pas une minute. Mon père m'avait surnommé «la bézingue». En Abitibi, une bézingue est un moustique avec de grandes pattes, qui ressemble aux insectes patineurs à la surface des lacs. Je me suis bien sûr calmé avec l'âge, mais, toute ma vie, j'ai été animé d'une curiosité insatiable, d'une envie de découverte, d'un esprit d'explorateur. Une vraie bézingue, je suppose!

Comme beaucoup de pères de cette époque, le mien était très sévère. J'ai eu droit à la *strap* assez souvent, et je me demandais s'il m'aimait. J'ai le souvenir d'un homme toujours en colère. «Invalide» était un mot très lourd à porter pour un homme de cette génération. Il avait défriché une terre de ses bras, bâti une maison et une grange, et, soudainement, à cinquante ans, dans la force de l'âge, il ne pouvait plus travailler.

Il y avait beaucoup de malheur chez lui. Nous en avons pâti, mes frères et moi. Ma mère acceptait son fardeau, mais elle se tenait debout devant lui. C'est elle qui faisait vivre la famille, ce qui devait blesser au plus haut point l'orgueil de mon père. C'est mon interprétation, car nous ne parlions jamais d'argent à la maison.

Mon père a transcendé ses frustrations en devenant très religieux. Pour lui, son invalidité était la croix qu'il devait porter sur terre pour gagner son paradis. Chaque dimanche, nous allions en famille à l'église de Beaucanton. Pour moi, la messe a été une grande découverte. J'ai tout de suite adoré ça. L'église, que je voyais immense, même si elle était toute petite, les gens du village qui mettaient leurs beaux habits, les chants religieux, les vêtements chatoyants du curé, l'odeur de l'encens, la cloche, l'autel et ses nappes blanches : c'était un maudit beau *show* pour un p'tit gars du bout du rang ! Très vite, j'ai su que je voulais en faire partie et, dès que j'ai pu, je suis devenu servant de messe. J'adorais enfiler la soutane et le surplis, apprendre les déplacements, faire sonner la cloche, répéter tout ce rituel chaque dimanche, et même parfois en semaine. J'ai servi la messe pendant cinq ans et j'y mettais tellement d'enthousiasme que le curé était persuadé que la foi était profondément ancrée en moi. Il a rencontré mon père et lui a dit : « Monsieur Ste-Croix, je pense que Gilles serait un bon candidat pour une vocation religieuse. »

Quand mon père a entendu ça, il s'est dit qu'il n'avait pas prié pour rien, et que c'était la bénédiction du Bon Dieu. Dans le Québec des années 1950, quand un enfant entrait en religion, ses parents étaient assurés d'aller directement au ciel ! Mon père y croyait dur comme fer, mais il a dit au curé :

« On n'a pas l'argent pour en faire un prêtre.

— Ne vous inquiétez pas, la fabrique va s'en occuper. »

C'est à cette époque que nous avons déménagé à La Sarre, une petite ville à 40 kilomètres de Beaucanton. Ma mère est devenue enseignante dans une grande école primaire et, à douze ans, je suis entré au séminaire d'Amos. Sur le coup, j'étais très content. Je me suis dit que j'avais été choisi, élu. C'était la première fois que j'éprouvais cette sensation d'être « spécial », et ce sentiment est souvent revenu dans ma vie. Je n'ai jamais pensé être meilleur qu'un autre, mais j'ai souvent eu l'impression qu'une bonne étoile veillait sur moi. Cette fois, l'état de grâce n'a pas duré longtemps. Aussitôt arrivé au séminaire, je me suis fait bousculer et insulter par les autres élèves. Pour eux, j'étais un pauvre, un p'tit crotté qui avait de la bouse de vache derrière les oreilles. Ils m'appelaient « Sainte-Crotte ». Je ne me sentais plus du tout spécial, j'étais malheureux comme les pierres et je m'ennuyais de ma mère. Je me cachais dans les toilettes pour pleurer. Je me sentais seul et abandonné comme lorsque j'étais à l'orphelinat et, bien sûr, mes études en souffraient.

Malgré ces brimades, mon séjour au séminaire a été important parce que j'y ai découvert le théâtre. J'ai joué un petit rôle dans une pièce de Molière, et j'ai eu la piqûre. Les costumes, la lumière, la scène : ce nouveau monde me fascinait. C'était encore mieux que la messe, mais ce n'était quand même pas suffisant pour me faire oublier la solitude que je vivais au séminaire. Je me suis alors dit que si je n'avais pas de bonnes notes, on ne pourrait pas me garder. Et ça a marché ! Quand il a appris mon renvoi, mon curé bienfaiteur s'est dit que le séminaire était peut-être trop difficile pour moi et que je pourrais peut-être « faire un frère » plutôt qu'un prêtre. Mes parents m'ont donc envoyé au pensionnat des Clercs de Saint-Viateur, près d'Amos. J'y suis resté un an. J'étais en pleine adolescence et, d'un seul coup, j'ai poussé jusqu'à 5 pieds et 11 pouces. Il fallait que je me dépense, et j'ai commencé à jouer au basket-ball, au badminton et au hockey.

Le 9 février 1964, j'ai eu l'un des grands chocs de ma vie. J'étais à l'hôpital parce que je m'étais cassé le nez en jouant au hockey sans masque. Je partageais la chambre avec un autre adolescent. Nous avions une télévision. Le grand luxe! Ce soir-là, tous ses amis sont venus dans notre chambre pour regarder le *Ed Sullivan Show*, une émission américaine, en noir et blanc, dont je n'avais jamais entendu parler. Je ne comprenais pas trop ce qui se passait : quand le groupe de musiciens invité par Ed Sullivan a commencé à chanter, les gars dans la chambre sont devenus fous. Ils criaient à tue-tête : « *She loves you, yeah, yeah, yeah!* » Et, moi, comme 73 millions de téléspectateurs, j'étais tétanisé par ce que je voyais au petit écran. Je suis devenu, à ce moment précis, un *fan* des Beatles. Je dévorais leur musique, je collectionnais leurs cartes comme on collectionne des cartes de hockey et je rêvais d'être bassiste comme Paul McCartney. Si, à ce moment-là, quelqu'un m'avait dit que, quarante ans plus tard, je travaillerais un jour avec Sir Paul, je l'aurais pris pour un fou furieux!

Au pensionnat, je me tenais occupé, mais, à part les cours de théâtre, l'école ne m'intéressait pas. J'ai été renvoyé parce que mes notes n'étaient pas suffisamment bonnes. Ça devenait une habitude! Je me suis retrouvé en « 10e année scientifique », au collège Saint-André de La Sarre, une école de garçons. J'avais quatorze ans et j'étais en feu. Je voulais tout faire :

du sport, de la musique, du théâtre. J'ai créé la première radio étudiante de l'école, qui était diffusée pendant la récréation. Je faisais jouer du charleston, des sets carrés, quelques morceaux des Beatles, du Ti-Gus et Ti-Mousse et du Gilles Vigneault, qui commençait à être connu. Avec des copains, nous avons créé une troupe de théâtre qui s'appelait Les Réservés. Nous faisions des sketches de quinze à vingt minutes, qui avaient toujours comme personnages des professeurs que nous n'aimions pas. J'écrivais un petit scénario et nous improvisions dessus. Nous pratiquions le genre d'humour de vaudeville qui faisait le succès d'Olivier Guimond. Nous présentions nos saynètes lors des soirées dansantes du collège, pendant les entractes. Il nous est arrivé de nous faire réprimander par la direction, mais nous leur disions, avec l'assurance de notre âge: «C'est de l'humour. Olivier Guimond rit de l'autorité? Ben, nous aussi!» Nous avions fabriqué nous-mêmes nos blousons, sur lesquels nous avions collé le nom de notre troupe, découpé dans du feutre rouge. Comme ceux d'une bande de motards ou d'un grand orchestre. C'est au collège Saint-André que j'ai rencontré Gérald, mon ami le plus ancien. Celui qui avait une guitare, celui avec qui je fumerais mes premiers joints, celui avec qui je partirais dans l'Ouest, et qui, après avoir fait de la peinture, deviendrait comptable. Celui qui, aujourd'hui, est encore mon ami.

Au début des années 1960, le gouvernement Lesage a lancé la Révolution tranquille, entre autres choses en sortant l'Église des écoles et en créant les polyvalentes pour le cours secondaire. Celle de La Sarre, surnommée Polyno – pour Polyvalente du Nord-Ouest –, était l'une des plus populeuses au Québec, comptant près de 2 000 élèves de tous les âges et couvrant un immense territoire. À Polyno, j'avais des projets plein la tête. L'époque était effervescente et, du haut de mes quinze ans, je l'étais tout autant. Un jour, un professeur m'a dit que la direction voulait créer un conseil étudiant et il m'a demandé si je voulais en faire partie. Ça m'intéressait tellement que je me suis débrouillé pour être élu président du premier conseil étudiant! Aujourd'hui, il y a une plaque à Polyno qui commémore cette première.

Ma passion du théâtre était encore très vivante et un professeur a proposé aux Réservés de jouer dans la troupe de théâtre de l'école. «Par contre, nous a-t-il dit, il va falloir jouer des classiques, pas des niaiseries comme celles que vous faisiez avec Les Réservés!»

Nous avons donc monté *Esther*, une pièce en vers de Racine. On était loin d'Olivier Guimond! J'ai aussi redémarré la radio scolaire et créé un journal étudiant. J'étais très actif, mais je n'aimais pas plus les cours qu'avant. En classe, j'étais dissipé, je faisais le clown et je passais des commentaires pour faire rire les élèves. Un midi, j'ai eu envie de jouer au badminton, mais, à cette heure, le gymnase était réservé aux filles. J'avais tellement envie de jouer que j'ai quand même rejoint mes amies. Un professeur est arrivé et a crié:

«Ste-Croix, t'as pas d'affaire à être ici, c'est l'heure des filles. Dehors!

— (sur un ton baveux) Eille, je vais pas les violer, les filles. On est des *chums*. On frenche, le soir, on va pas frencher icitte!»

J'ai été envoyé sur-le-champ chez le directeur de l'école. Le professeur a fait un rapport à mon sujet, et le directeur a demandé à chacun de mes professeurs d'en faire autant.

Aucun d'entre eux n'était positif, sauf celui du professeur de chimie, qui avait écrit que j'étais curieux, et celui de mon professeur de mathématiques, François Gendron, qui avait écrit qu'il n'était pas inquiet à mon sujet parce que j'étais un autodidacte. Il avait vu juste. Bien plus tard, je l'ai croisé alors qu'il était député et ministre pour le Parti québécois et nous nous sommes remémoré cet instant cocasse. Quand le directeur de l'école a eu les rapports en main, il m'a fait venir dans son bureau.

« Visiblement, m'a-t-il dit, tu n'es vraiment pas intéressé par l'école. Que fais-tu ici ?

— J'essaie de me développer. Je suis très impliqué dans l'école.

— Oui, je vois ça. Pourrais-tu aussi t'impliquer dans tes études ?

— Oui, mais je dois vous dire que je manque d'intérêt.

— Alors, je vais être obligé de te laisser partir. Tu déranges trop.

— Je peux pas partir maintenant. J'ai un rôle principal dans la pièce de théâtre qu'on présente dans dix jours.

— Tu pourras venir répéter et jouer dans la pièce.

— Si je fais la pièce de théâtre, est-ce que je pourrais venir faire mes examens à la fin de l'année ?

— Comment vas-tu te préparer ?

— Laissez-moi faire, je m'en occupe.

— OK, t'auras beau t'essayer. »

Quand je suis arrivé chez nous, mon père n'était pas du tout content.

«Comment ça, tu vas plus à l'école?!

— Je m'entends pas avec les profs. Ils m'ont mis dehors, mais ils m'ont dit ne pas m'inquiéter parce que je suis un autodidacte.

— C'est quoi ça, un autodidate? M'a t'en faire un autodidate!

— C'est positif, papa, c'est un peu comme toi: t'as pas été à l'école et tu as réussi à te faire une vie.

— Oui, mais, toi, t'aurais pu être curé, être instruit. J'aurais voulu que tu réussisses mieux que moi. En tout cas, tu resteras pas ici à rien faire, c'est certain.

— OK. Le directeur m'a permis de faire mes examens de fin d'année. Entre-temps, je vais me trouver une *job*.»

Avant de me trouver un emploi, il fallait que je continue de me préparer pour jouer le personnage d'Aman dans la pièce de Racine. Comme les répétitions étaient très avancées et que je tenais un rôle important, j'ai eu la permission de continuer malgré mon renvoi de l'école. Je répétais tous les soirs pendant deux semaines et je travaillais d'arrache-pied pour mémoriser le texte, assez long et en vers. La pièce a été présentée quatre fois devant les professeurs et 1 500 étudiants. J'étais nerveux et j'avais un trac fou, mais, comme je jouais un méchant, je pouvais exagérer mon jeu et masquer ma nervosité. Ce fut un vrai moment de découverte pour moi. Je me sentais à l'aise sur scène, et j'ai aimé les applaudissements. Pour la première fois de ma vie, je me suis dit: «Pourquoi ne pas faire ce métier?»

En attendant, il fallait que je travaille. J'avais seize ans. C'était le printemps et je suis parti planter du tabac en Ontario… Le travail comme le milieu étaient *rough* et les journées étaient longues. J'étais penché toute la journée et les autres planteurs me sautaient dessus parce que j'étais un *frog* et que je parlais avec un accent. Je me suis dit que j'allais apprendre à parler si bien anglais que je ne me ferais plus jamais écœurer! En juin, la plantation était finie, et c'était le temps des examens. Je me suis acheté une petite moto avec mon argent durement gagné et je suis revenu en Abitibi. Quand je suis entré dans la cour d'école sur ma moto, j'étais vraiment le *king*. J'étais *cool*, le *wild one*, comme dans le film avec Brando! J'ai passé mes examens et, à la surprise générale, je les ai réussis. Je n'avais pas étudié puisque je travaillais dans les champs de tabac, mais c'était le début des examens objectifs avec des réponses à choix multiples, et je n'étais pas plus bête qu'un autre!

Pour moi comme pour beaucoup d'autres, Expo 67 a été une étape importante, un révélateur, un déclic. C'est un cliché de dire que le monde entier semblait être à portée de main, mais c'est ainsi que je l'ai vécu. J'avais dix-sept ans, j'étais curieux de tout et de tous, et j'ai rencontré là des gens venus du Québec et des quatre coins du monde. J'habitais chez des amis à Laval et, chaque jour, je faisais le trajet en métro, qui venait d'être inauguré, jusqu'à l'île Sainte-Hélène. Aller à l'Expo, c'était comme entrer dans un autre monde qui n'avait rien à voir avec celui dans lequel je vivais. La Biosphère, en particulier, était un lieu magique. Dire qu'aujourd'hui, je la vois de la fenêtre de mon salon! C'est à Montréal que j'ai acheté mes premiers albums: Otis Redding, Iron Butterfly, Frank Zappa. La musique tenait une place très importante dans ma vie. Mon ami Gérald et moi pouvions écouter le même album en boucle toute une soirée, la plupart du temps en fumant du *pot* ou du *hasch*.

Quand je suis revenu à La Sarre, il était clair pour moi que je n'y avais plus ma place. J'ai dit à Gérald: «Viens-t'en, on s'en va dans l'Ouest.» Nous sommes partis avec un gars qui avait une voiture et avec qui nous partagions les dépenses. À Winnipeg, la voiture est tombée en panne. Nous n'avions pas le choix d'y rester quelque temps. Nous dormions dans un vieux théâtre désaffecté, où squattait une faune bigarrée d'anglophones. C'était la belle vie, sans soucis, et l'amour était dans l'air. J'avais les yeux bleus perçants de ma grand-mère et mon anglais était devenu acceptable, assorti d'un petit *french accent*! Mais, sans argent, et ne pouvant pas vivre d'amour et d'eau fraîche éternellement, j'ai commencé à quêter dans la rue. Je me suis fait arrêter par la police et j'ai passé une nuit en prison. Le lendemain matin, le juge m'a laissé partir parce que c'était ma première infraction, et que j'étais jeune. Cet avertissement et l'hiver qui s'en venait m'ont convaincu de rentrer à Montréal.

Une fois revenu au Québec, je suis allé habiter chez des amis qui allaient au cégep du Vieux-Montréal. Je faisais leurs examens de fin de session en français et en arts en échange d'un toit et de quoi manger. Ils ont tous eu de bonnes notes! Je me suis dit que, si je me comparais à eux, je n'avais pas besoin de faire mon cégep! De toute façon ni moi ni mes parents n'avions l'argent pour payer les cours. J'avais les cheveux jusqu'aux épaules, une veste en daim avec des franges et un chapeau à la Clint Eastwood. Je n'avais pas encore vingt ans et je me sentais ben *cool*. Pour me faire un peu d'argent, j'ai travaillé dans un entrepôt de Woolworth, à Montréal, pendant l'hiver. Au mois de mai, l'envie de bouger m'a repris. J'avais une idée en tête, celle d'aller voir le monde et de me rendre jusqu'en Californie. Pierre Elliott Trudeau venait de créer un circuit d'auberges de jeunesse pour faciliter la découverte du Canada et les échanges entre les jeunes du pays. Je suis donc parti sur le pouce vers la côte Ouest, avec 20 dollars en poche, un cahier pour dessiner et quelques crayons. Je faisais des dessins et des portraits pour gagner de quoi manger. Il m'a fallu deux semaines pour traverser le pays. Quelle découverte pour moi que ces grandes plaines et ces montagnes qui touchent les nuages !

MES ANNÉES À VANCOUVER

Aussitôt arrivé en Colombie-Britannique, j'ai voulu voir le Pacifique. À Long Beach, dans l'île de Vancouver, je me suis fabriqué une cabane au bord de l'eau, avec du bois de plage et des morceaux de plastique. Je m'y suis installé avec une jolie Américaine et nous avons passé l'été à faire l'amour, à nous baigner et à manger du poisson frais. Je m'étais lié d'amitié avec un pêcheur. Je l'aidais sur son bateau et, en échange, il me donnait du poisson et un peu d'argent. La belle vie !

À Vancouver, beaucoup de Québécois se tenaient ensemble, mais je ne voulais pas être avec eux parce que, tout ce qui les intéressait, c'était de boire et de se geler. De mon côté, j'avais surtout envie de rencontrer des gens qui me feraient découvrir d'autres choses. C'est ce qui s'est passé avec des anglophones de Toronto et des *draftdodgers*, ces Américains qui entraient illégalement au Canada pour échapper à la guerre du Vietnam. La plupart d'entre eux sortaient de l'université et étaient très politisés. Une conversation avec un sociologue marxiste-léniniste pouvait devenir très complexe : se faire expliquer la théorie de la relativité d'Einstein sur le LSD, c'est toute une expérience! J'avais commencé à faire de l'acide avec mon ami Gérald, à La Sarre, mais avec la bande d'Américains, j'en prenais chaque semaine. C'était un rituel que nous appelions le « *weeding the garden of your mind* ». Notre cri de ralliement était : « *Let Baby Jesus open your mind and shut your mouth* ! » Nous partions dans des parcs aux alentours ou nous allions marcher sur les plages de Kitsilano. Avec ces gens-là, je me suis ouvert aux idées nouvelles et à celle que le monde était vaste, très vaste, bien plus vaste que je ne le pensais.

J'ai vécu des moments extraordinaires sur l'acide. Par exemple, le soir du 21 juillet 1969, nous étions tous devant la télé pour voir Neil Armstrong poser le pied sur la Lune. Je n'en revenais pas qu'un être humain soit en train de marcher sur la Lune. Je suis sorti dehors, j'ai levé les yeux vers le ciel et j'ai cru voir Armstrong en train de marcher sur la Lune. Mon imagination et la réalité n'étaient qu'une seule et même chose. J'avais atteint un autre niveau de perception, de conscience.

David Garrick, un ami anthropologue qui venait de Toronto, et sa femme Margie m'avaient ouvert à de nouvelles connaissances. Ils avaient vécu au Mexique et au Guatemala. Grâce à eux, j'ai lu les livres de Carlos Castaneda sur les enseignements du chaman yaqui don Juan. David, Margie et moi avons partagé une vie de « commune » à Walden House. Nous étions une petite dizaine à vivre ensemble, nous partagions les frais et les tâches quotidiennes. De longues discussions sur le Vietnam ou sur Greenpeace, qui venait tout juste d'être créée, meublaient nos soirées. Des membres de la commune et moi sommes descendus à San Francisco. À Berkeley, nous avons vraiment senti que le mouvement hippie devenait de plus en plus écologique. Il y avait une volonté de retour à la terre, à des valeurs plus humaines, plus respectueuses de l'environnement. C'est là que j'ai découvert le *Whole Earth Catalog*, une publication qui recensait tous les types d'agriculture douce et alternative. J'étais avide de nouvelles idées, j'absorbais tout ce que je voyais et tout ce que j'entendais. Une véritable éponge. Ce fut un apprentissage marquant de vie communautaire, écologique et marginale.

À Walden House, je faisais un peu d'artisanat en cuir, que je vendais. Je me débrouillais, mais, à un moment donné, j'en ai eu assez de vivoter. Je suis allé au centre d'emploi. Comme je n'avais qu'un diplôme de secondaire et aucune expérience de travail, les gens du centre m'ont proposé de me payer des études. Je me suis dit que j'aimerais bien être architecte et que je pourrais étudier pour devenir technicien en architecture. Pour être admis, je devais passer, entre autres choses, un test de visualisation pour lequel il fallait que je dessine des objets en trois dimensions. Quand j'ai remis mon dessin à l'examinateur, il m'a demandé : « Avez-vous déjà fait du LSD ? » J'étais un peu gêné d'admettre qu'en effet, j'en avais pris. Il m'a expliqué que le LSD aidait à développer la visualisation en trois dimensions. J'ai eu 98 % au test, et j'ai pu commencer mes seize mois d'études en techniques d'architecture.

J'ai fini mes études avec de bonnes notes, ce qui m'a permis d'obtenir un poste assez rapidement dans un cabinet d'architectes de Vancouver. Le directeur du bureau était japonais et la majorité des architectes, anglais et écossais. J'étais content d'avoir un travail, mais ce n'était vraiment pas créatif. Comme j'étais le dernier arrivé, mes supérieurs me donnaient des poignées de portes ou de fenêtres et des rampes de balcons à dessiner. J'étais loin de la conception de la maison de mes rêves ! J'avais quitté la commune et je vivais dans un tipi, dans la forêt. Chaque matin, j'enfilais un complet, je mettais une cravate, je sortais de mon tipi, j'enfourchais mon vélo, je prenais le traversier et j'allais travailler. La fin de semaine, je retrouvais ma *gang* de marginaux dans des manifestations ou pour faire des *trips*. Je participais parfois à des actions militantes de Greenpeace. Lors de l'une de ces actions, nous avons occupé un espace à l'entrée de Stanley Park. Nous y avons planté des arbres et des fleurs pour empêcher la construction d'une tour de bureaux. La tour n'a jamais été construite et, aujourd'hui, nos « plantations » font partie du parc. Ce qui prouve qu'il vaut toujours la peine de se battre pour ses convictions. C'est alors que j'ai connu Paul Watson, le fondateur de Sea Shepherd, une organisation de protection des océans et des baleines. Lors de cette occupation à Stanley Park, une journaliste de Radio-Canada francophone à Vancouver cherchait quelqu'un qui parlait français. On l'a dirigée vers moi. Après l'entrevue, je l'ai invitée à souper. Elle s'appelait Margaret Lambert et nous sommes tombés amoureux. Peu de temps après, elle était enceinte. Notre relation allait mal, nous pensions qu'un enfant pourrait nous rapprocher, mais ce ne fut pas le cas. Notre fille Celia est née en 1974 et, après un an, sa mère et moi nous sommes séparés. Margaret est partie vivre à Prince George, dans le nord de la Colombie-Britannique.

Le tipi où je vivais a été très important pour moi. C'était celui que Margie, la femme de mon ami David, avait cousu à la main quelque temps avant de se suicider. David n'a jamais voulu y vivre. La semaine qui a suivi la mort de Margie, il me semblait la voir partout, au coin d'une rue, dans le reflet d'une vitrine de magasin, dans le profil d'une femme croisée dans la rue. J'étais très ébranlé. Au même moment, j'assistais à des séances d'information sur l'ésotérisme et la réincarnation. J'ai demandé au conférencier :

« Quand une personne se suicide, sa vie s'arrête brusquement. Elle ne vit pas la vie qu'elle devait vivre. Qu'arrive-t-il à son âme et à son esprit ?

— Chacun de nous a une puissance d'énergie vitale qui doit être consommée, m'a-t-il répondu. Quand quelqu'un meurt accidentellement, surtout par suicide, son potentiel de vie reste actif. Il ne disparaît pas parce que rien ne disparaît. Cette personne se retrouve donc à un autre niveau de conscience. Elle est entre deux mondes, comme une âme perdue. Elle essaie d'entrer en contact avec toi. C'est pour cette raison que tu la vois.

— Qu'est-ce que je peux faire pour l'aider ?

— Il faut créer un lieu où elle pourra se retrouver et consumer en sécurité ce qu'il lui reste d'énergie. »

J'ai eu une idée : le tipi ! J'ai expliqué à David pourquoi je voulais l'installer, et il a accepté de me le donner. Je l'ai dressé sur un coteau, dans une forêt d'une petite île au nord de Vancouver. La vue était magnifique. Quand j'ai fini de le monter, j'ai dit à Margie qu'elle allait être bien, tranquille et en sécurité, dans son tipi. J'y ai vécu près de neuf mois. Je sentais souvent la présence de Margie, et c'était calme. David est venu une fois, et il a senti sa présence. Il m'a remercié d'avoir posé ce geste pour sa belle Margie.

Au bout de huit mois à m'ennuyer au cabinet d'architectes, j'ai donné ma démission. J'en avais assez de dessiner des poignées de porte et, entre le tipi et le bureau, je menais une double vie qui me perturbait un peu. Je vivais depuis cinq ans en Colombie-Britannique et je voulais rentrer au Québec. J'étais devenu père, mais je me sentais éloigné de cette paternité. La naissance de ma fille Célia n'était vraiment pas prévue ; elle était le fruit d'une relation déjà sur le déclin. Pendant ces années dans l'Ouest, j'avais découvert mes talents, mes valeurs et ce que j'aimais dans la vie. J'avais appris des choses extraordinaires au contact de gens uniques et généreux. Ma marginalité s'était affirmée, mais j'avais perdu le contact avec mon identité québécoise. Je souhaitais renouer avec mes racines. J'étais prêt à rentrer chez nous.

LA VIE DE COMMUNE

J'AI CONNU DANIELLE ROCHETTE, LA MÈRE DE MES TROIS garçons, lorsqu'elle était en visite à Vancouver. Je l'ai invitée dans mon tipi, et nous sommes tombés amoureux. À l'automne 1974, nous sommes rentrés à Montréal. Danielle est de descendance huronne, ce qui résonnait avec mes racines amérindiennes. Cet aspect important de notre identité nous a rapprochés. Danielle et moi avions les mêmes valeurs de partage. Le besoin de vivre près de la nature nous était primordial à tous les deux. Nous avions le même idéal de créer un monde meilleur que celui dans lequel nous étions nés.

Nous n'avions pas d'endroit où vivre. Des amis nous ont alors parlé de la commune du rang 8, à Saint-Adrien de Ham, en Estrie. Nous y sommes allés et, au bout de deux jours, nous avons décidé d'y rester. Cette commune n'était pas seulement unie par le partage des coûts et des tâches, mais aussi par une vision concrète de mise en commun et de recherche d'autosuffisance. Elle comptait un ébéniste, un agronome, des professeurs d'université et quelques enfants. Tout le monde partageait les tâches reliées au jardin, à l'érablière et au bois de chauffage.

Il y avait aussi une réelle recherche d'équilibre écologique, ce qui était relativement nouveau à l'époque. Nous faisions notre compost, nous recyclions et nous trouvions nos vêtements à l'Armée du Salut. Nous étions dans la simplicité volontaire, et cette façon de vivre nous convenait. Elle rejoignait les prises de conscience que j'avais réalisées dans l'Ouest. Je fabriquais des sacoches et des ceintures en cuir, que je vendais avec des meubles en bois dans les salons de métiers d'arts.

Quand Danielle et moi sommes arrivés dans la commune, les membres avaient déjà le projet d'aller passer l'hiver au Guatemala. Nous sommes donc tous partis avec un camion et deux motos vers l'Amérique centrale. Nous nous sommes installés à San Pedro, un petit village au bord du lac Atitlan. C'était comme un voyage dans le temps. L'eau millénaire de ce lieu sacré, les trois volcans qui encerclent le lac, les cultures sur leurs flancs, les villageois en habit traditionnel le traversant en pirogue : un vrai coin de paradis. Et que dire de ce Noël magique passé à Chichicastenango, un village maya perché dans les montagnes, lieu de rassemblement où les fermiers et les artisans de la région venaient fêter Noël. Pour moi, ce fut la découverte du mélange des pratiques mayas, du chamanisme et du catholicisme, le tout baigné de parades, de pétarades et de rituels religieux. Ce respect des traditions et du sacré et le sens de la fête m'ont profondément marqué. En arrivant dans la commune, Danielle m'a appris qu'elle était enceinte. Elle m'a demandé si je voulais vraiment de cet enfant parce qu'elle croyait que j'allais partir comme je l'avais fait lorsque ma fille Celia était née à Vancouver. Je lui ai dit que je ne pouvais pas lui promettre d'être avec elle toute ma vie, mais que je serais un père pour la vie. Danielle a accouché de jumeaux, Olivier et Vincent, au printemps suivant. J'étais devenu père une nouvelle fois. J'avais l'intention de mieux l'assumer. Je regrettais la façon dont ça s'était passé avec la mère de ma fille Celia, une relation difficile qui avait connu une fin abrupte.

Nous vivions dans le tipi de Margie. J'ai décidé alors de construire notre maison comme mon père l'avait fait. La terre communale était vaste, il y avait du bois en abondance. Danielle et moi avons dessiné notre maison. Avec l'aide des membres de la commune, nous l'avons construite pendant l'été dans une ancienne érablière, à l'abri du vent. Nous y avons vécu trois ans. Chauffage au bois, sans électricité ni eau courante, un puits à l'extérieur : c'était vraiment un retour aux sources de mon enfance, dans la colonie d'Abitibi. L'été suivant, nous avons eu un autre fils, Bilbo, onze mois après la naissance des jumeaux. Nous avions maintenant trois bébés aux couches.

Ce n'était pas simple de vivre avec ces trois petits garçons très actifs. Je me souvenais de mon enfance avec mes deux frères en Abitibi. Nous, nous aimions jouer dans la forêt, au bord du ruisseau, et sauter dans le foin de la grange. Je voulais élever mes enfants dans un monde comme celui-là. J'étais un peu *insécure*, car je n'avais pas de métier. Pourtant, j'étais amoureux et j'avais confiance dans nos valeurs et notre vie de commune. Les relations entre individus étaient parfois difficiles. Nous discutions beaucoup, mais les problèmes résultaient souvent de « *trips* d'ego ». Ce n'était pas toujours facile, car nous n'avions pas de modèle, mais nous faisions de belles fêtes et le travail était partagé selon les connaissances de chacun. J'aimais vraiment cette façon de vivre, et ces expériences m'ont beaucoup influencé dans ma vie future.

Un jour, j'ai rendu visite à mes parents, qui vivaient maintenant à Montréal pour se rapprocher des hôpitaux. En entrant chez eux, ma mère m'a dit qu'elle avait appelé l'ambulance parce que mon père n'allait vraiment pas bien. Il était assis sur le bord de son lit. Je me suis mis à genoux pour lui mettre ses pantoufles. Il a mis sa main sur ma tête et m'a dit : « Mon pauvre p'tit enfant. »

Ce sont les derniers mots qu'il m'a adressés. Je ne sais pas exactement ce qu'il voulait dire, mais, pour moi, son geste était plus fort que ses mots. J'ai senti qu'il me pardonnait, et qu'il faisait passer son amour dans ce geste. Il se sentait partir. Il est décédé une heure plus tard.

Après la mort de mon père, ma mère est venue nous rendre visite à la commune, une fin de semaine. Pour arriver chez nous, il fallait prendre une charrette tirée par des chevaux. Elle n'en revenait pas que nous n'ayons ni eau courante ni électricité. Elle était sous le choc de voir que j'avais choisi de retourner vingt-cinq ans en arrière et de vivre dans une telle précarité.

« T'as fait tout ce chemin pour te retrouver là ? me dit-elle. T'as pas d'allure. J'ai vécu dans une maison comme ça, c'était la misère. Et là, tu retournes dans la misère. Je ne te comprendrai jamais.

— J'aurais aimé que papa vienne ici, on se serait peut-être rapprochés.

— Ton père ne serait jamais venu ici. »

Mon père voulait tellement que je sois quelqu'un de grand, de plus grand que lui, en quelque sorte… J'ai dit à ma mère que je désirais peut-être faire la paix avec ce qui nous éloignait, mon père et moi, mais elle était trop découragée par mes choix pour entendre ce que j'avais à dire.

À la commune, en plus de travailler le cuir, je m'occupais des chevaux et j'aidais aux travaux de la ferme, entre autres pour la cueillette des pommes, quand c'était la saison. J'en ai eu vite assez de monter et de descendre de l'échelle pour aller chercher les fruits en haut du pommier. Je me suis dit que, si j'avais une petite échelle attachée aux jambes, ce serait beaucoup plus simple. J'ai eu l'idée de me fabriquer une paire d'échasses avec un madrier coupé en deux. Je les ai attachées à mes jambes et je me suis lancé en me tenant aux arbres. Au bout d'une quinzaine de minutes, j'étais à l'aise. C'était naturel, comme si je l'avais fait toute ma vie. À partir de ce moment-là, j'ai cueilli les pommes sur mes échasses, mais, dès que j'en avais l'occasion, j'allais marcher sur le chemin qui allait du verger à notre maison. Perché sur mes échasses de fortune, j'ai réalisé que mes yeux étaient à la hauteur des oiseaux qui volaient dans le champ. Je me suis dit : « Wow ! C'est le *birdeye* de don Juan, la vision de l'oiseau dont parle Castaneda, celle qui t'amène à une autre dimension. » Je *tripais* vraiment, sans avoir pris aucune drogue !

À l'été 1977, un ami m'a parlé du Bread and Puppet Theater, une troupe américaine qui utilisait des échasses dans ses spectacles. Elle était de passage à Montréal. Je suis allé voir une de leurs parades dans le parc La Fontaine. Fondée par Peter Schumann, cette troupe de saltimbanques a été importante dans la contre-culture américaine en contestant la guerre du Vietnam. Leurs spectacles étaient souvent politiques et allégoriques. Ils mettaient en scène des personnages masqués et des marionnettes géantes fabriquées en papier mâché. C'était très expérimental, évocateur, presque sans texte, proche de la performance. Le grand public les connaît pour leur participation au film *Hair*, de Milos Forman. La découverte du Bread and Puppet a été un tournant marquant de ma vie. Durant l'été, je suis allé au Vermont, où la troupe vivait en commune. J'ai rencontré Peter Schumann, et j'ai assisté au spectacle estival que la troupe donnait chaque année dans un champ, à la pleine lune d'août. Une vraie révélation. On était très loin de la messe à Beaucanton, des *Femmes savantes* de Molière et de notre troupe d'amateurs Les Réservés, mais j'ai ressenti le même frisson. J'ai compris qu'il était possible de faire du théâtre n'importe où, dans la rue et dans les champs, et que je pouvais le faire en expérimentant, sans passer par une école de théâtre !

Le jour du spectacle, le soleil brillait haut dans le ciel. J'ai dit à Peter Schumann que je savais marcher sur des échasses. Sans hésiter une seconde, il m'a dit de prendre son costume, de chausser ses échasses, de rentrer dans le *show* et de suivre les autres personnages. Il souhaitait, pour une fois, regarder le spectacle plutôt que d'y participer. Ce fut l'un des moments magiques de ma vie, un autre où je me suis senti « choisi », guidé par ma bonne étoile. Du haut de mes échasses, je me suis promené dans le champ dans un costume rouge flamboyant, avec un masque en forme de soleil, comme si je l'avais toujours fait. À cet instant précis, j'ai eu la conviction que c'était ce que je devais faire dans la vie. Une véritable épiphanie. J'avais depuis longtemps cette perception aiguë que j'étais destiné à quelque chose de plus grand que moi, quelque chose qui me dépassait et que je ne pouvais pas nommer. Cette intuition précoce m'a permis de saisir les moments magiques quand ils se présentaient. Dans *Le dictionnaire des symboles*, j'avais lu une phrase qui m'avait marqué et qui est attribuée à Lao Tseu : « Celui qui marche sur des échasses peut traverser monts et rivières et atteindre les îles des immortels comme les grandes grues blanches. » Bien plus tard, je me suis dit que, de façon symbolique, c'est par le Cirque du Soleil que j'ai fait cette grande marche vers l'immortalité, qui m'a permis de parcourir le monde, de rencontrer des gens extraordinaires et de découvrir des choses dont je ne soupçonnais même pas l'existence.

LES ÉCHASSIERS DE BAIE-SAINT-PAUL

À LA FIN DE L'AUTOMNE 1978, DANIELLE ET MOI AVONS décidé de passer l'hiver au Mexique. Les enfants étaient encore aux couches, et la saison froide était rude dans notre *shack* de l'érablière. Nous sommes partis dans notre camion-nette Volkswagen. Nous avons filé vers le sud, en ligne droite vers le Pacifique, et nous nous sommes arrêtés à Puerto Vallarta, où nous sommes restés quatre mois. Nous avons découvert une culture extraordinaire et des gens simples et généreux. C'est à ce moment-là que nous avons décidé de quitter la commune. Nous n'avions plus envie d'y vivre parce que le principe de partage ne fonctionnait plus vraiment, et que les nouveaux venus avaient changé l'esprit des lieux. Au Mexique, j'avais écrit une lettre à un ami de Danielle qui travaillait au Balcon Vert, une auberge de jeunesse de Baie-Saint-Paul, pour savoir s'il y aurait du travail pour moi. Il y en avait. Nous avons fait nos adieux à la commune du rang 8 et à notre petite maison dans la forêt, et nous sommes partis vivre à Baie-Saint-Paul. En arrivant à l'auberge de jeunesse, nous avons vu un type qui avait une paire d'échasses. J'y ai vu un signe... Au Balcon Vert, je m'occupais de l'accueil, je faisais de l'animation et je planifiais des fêtes thématiques pour divertir les visiteurs. Une sorte de «gentil organisateur» comme il en existait dans les Clubs Med. J'aimais ce que je faisais, car ma créativité était stimulée.

J'ai rencontré Guy Laliberté en 1979, à l'auberge. Il avait vingt ans et il arrivait d'Europe, où il avait joué de l'accordéon dans des festivals de musique traditionnelle. Nous nous sommes tout de suite plu. C'était un marginal autodidacte comme moi. Il m'a proposé de participer à l'animation en échange d'un lit où dormir. J'ai accepté son offre, et il est resté deux ou trois semaines à faire de la musique chaque soir autour d'un feu de camp. Il avait une bonne voix et connaissait beaucoup la musique québécoise. Nous nous sommes mieux connus et nous nous entendions bien. Avant qu'il reparte, je lui ai demandé s'il serait intéressé de participer à un spectacle que je voulais monter l'année suivante. Il m'a simplement dit de le contacter si ça fonctionnait. C'est aussi à cette époque que j'ai connu Daniel Gauthier, un compagnon d'école de Guy. Quelques années plus tard, il fera partie de la grande aventure du Cirque du Soleil. Le spectacle dont j'avais parlé à Guy était inspiré de ma visite au Bread and Puppet, mais j'avais choisi une légende québécoise, celle d'Alexis le Trotteur. Les histoires que mon père me racontait quand j'étais enfant me sont revenues en tête. J'ai commencé à écrire un projet de spectacle pendant l'hiver. Alexis était un personnage hors du commun. Il ne voulait ni travailler ni se marier, à une époque où c'était la règle. Mon père m'avait dit qu'il adorait les chevaux et qu'il aimait faire la course avec eux.

«Je suis capable de courir plus vite que votre cheval, Monsieur le Notaire, disait Alexis.

— Ben non, t'es pas capable, répondait le notaire.

— Oui, et je vais vous gager votre paire de chaussures. »

La liberté d'esprit et le sens de l'aventure de ce personnage m'inspiraient. Comme sa grande force était dans ses jambes, je me suis dit que les échasses allaient mettre l'accent sur cet aspect. Cette année-là, j'ai fondé Les Échassiers de Baie-Saint-Paul et j'ai obtenu une bourse Exploration de 5 000 $ du Conseil des arts du Canada pour mon projet. J'ai pu ainsi engager un ami, Jean-Pierre Brouillé, pour écrire le scénario du spectacle. J'avais écrit une quinzaine de séquences et dessiné les personnages, mais je ne savais pas comment aller plus loin. Au printemps 1980, j'ai fait une demande au ministère de la Culture du Québec pour la création d'emplois en milieu culturel, mais je ne me faisais pas trop d'illusions sur sa réponse parce que je n'avais jamais rien fait d'important. « Il faut que tu deviennes quelqu'un, m'a dit mon ami Guy Paquet. Il faut que tu fasses un coup d'éclat pour que les médias parlent de toi. Sinon, il faudra attendre des années pour te faire connaître et tu peux oublier ta subvention. »

Je n'avais pas le temps d'attendre. J'ai eu l'idée de faire un échasse-o-thon : j'allais parcourir sur des échasses les quelque 90 kilomètres entre Baie-Saint-Paul et Québec. Je demanderais à des amis et à des commerçants de Baie-Saint-Paul de me donner de l'argent pour chaque kilomètre parcouru. En juin, au Centre des congrès de Québec, se tenait le Salon Contact Québec, l'un des premiers salons québécois consacrés au marché du spectacle. J'ai réservé un kiosque, avec l'intention ferme d'y arriver sur mes échasses, le soir de l'ouverture.

Pour me préparer à mon échasse-o-thon, j'ai descendu et remonté la grande côte Saint-Antoine qui mène à Baie-Saint-Paul. Tous ceux qui l'ont empruntée, même en voiture, savent à quel point elle est longue et ardue. C'est là que j'ai appris qu'il est relativement facile de monter une côte avec des échasses, c'est un peu comme monter un escalier. Par contre, la descendre est beaucoup plus difficile parce qu'il faut «chercher la pente», et les muscles des cuisses forcent encore plus qu'en ski. Je voulais aussi vérifier que mes échasses bricolées avec des rampes d'escalier en pin allaient tenir le coup. Elles étaient légères et elles ont bien tenu. Je me sentais prêt. Le jour J, à la mi-mai, je suis parti à midi de l'église de Baie-Saint-Paul et je suis arrivé, comme prévu, à Québec le lendemain, vers 21 heures. J'ai marché pendant vingt-deux heures sur mes échasses, me reposant quinze minutes par heure. Ce fut l'une des expériences les plus exaltantes de ma vie. La nuit a été un peu fraîche, mais il faisait très beau sous les étoiles. De Baie-Saint-Paul jusqu'à Beaupré, c'était assez solitaire. Mon ami Serge Roy me suivait en camionnette pour signaler ma présence aux véhicules sur la route. Son amie marchait parfois avec moi. J'étais vraiment dans un état particulier, dominant le paysage jusqu'à l'horizon, sur le fleuve. La citation de Lao Tseu me trottait dans la tête, et je me demandais où cette folie allait me mener. Vers une heure du matin, j'ai amorcé la descente de la grande côte de Beaupré. Il faisait nuit noire, il n'y avait pas de circulation. J'étais éclairé seulement par les phares de la camionnette. En face de moi, j'ai vu s'approcher un gros camion, un dix-huit roues qui montait lentement la côte. Arrivé à ma hauteur, le chauffeur s'est arrêté. Il a baissé sa fenêtre et m'a demandé ce que je faisais là. Je me suis approché de lui et je me suis accoté sur sa porte. Avec mes échasses, j'étais à sa hauteur. Nous avons parlé un moment. Il me trouvait vraiment *flyé*. «J'aurai tout vu, m'a-t-il dit. Je te voyais éclairé par-derrière, comme un grand ange. Je pensais que j'avais une vision, une hallucination parce que j'étais trop fatigué. Bonne chance!»

Une fois rendu à Beaupré, j'ai dormi deux heures. J'avais les cuisses et les mollets en feu, mais ma persistance n'était pas ébranlée. J'ai vraiment été comme dans un rêve tout au long de ce périple. Il me passait plein de choses en tête, comme si j'étais en pleine méditation. J'imaginais le spectacle que j'allais faire et les gens que je choisirais. Après la basilique de Sainte-Anne-de-Beaupré, il y avait trop de voitures sur la route principale, et j'ai dû prendre celle qui traversait les villages. Je longeais des maisons anciennes, pas très hautes, et je voyais par les lucarnes à l'étage. Alors que jusque-là je n'avais croisé presque personne, j'ai rencontré des gens, des curieux qui venaient voir ce drôle de bonhomme sur ses échasses. Le contact avec les passants était très agréable. Tout le monde me souhaitait bonne chance. Certaines personnes âgées connaissaient l'histoire d'Alexis le Trotteur, et les enfants riaient aux éclats quand je les faisais passer entre mes jambes.

Je suis rentré à Québec par Limoilou. Le journal a envoyé un photographe pour me prendre en photo. Avec des enfants à mes pieds, j'avais l'air d'être encore plus grand que je ne l'étais en réalité. Quand je suis entré au Centre des congrès, vers 21 heures, je devais prendre un escalier roulant pour monter au salon des exposants. Je ne pouvais pas monter seul avec mes échasses et je ne voulais pas les enlever. Je me demandais quoi faire quand j'ai vu un homme qui descendait l'escalier. Je lui ai demandé s'il pouvait m'aider à monter avec mes échasses aux pieds. Tout ce qu'il aurait à faire, c'était de me tenir les mains. Il a accepté. Nous sommes montés, je l'ai remercié et il est parti. Une vingtaine d'années plus tard, j'ai rencontré Robert Lepage, qui allait faire la mise en scène d'un spectacle du Cirque du Soleil. « Sais-tu qu'on s'est déjà rencontrés ? me dit Robert. C'est moi qui t'ai aidé à monter un escalier roulant sur tes échasses, à Québec ! » Je n'en revenais pas de la coïncidence. Quand je suis rentré dans le Salon, je me suis promené à travers les kiosques, sur mes échasses, et j'ai distribué des cartons de *La légende d'Alexis le Trotteur*. Je ne passais pas inaperçu. C'est à ce Salon que Les Échassiers ont décroché leur tout premier contrat pour participer à La Grande virée, à Lachute, le premier festival organisé par Gilbert Rozon.

Je suis rentré à Baie-Saint-Paul le lendemain, alors que paraissait une photo de moi sur mes échasses en première page du *Soleil*. Le jour même, j'ai reçu un appel d'un fonctionnaire du ministère de la Culture qui m'avait vu dans le journal. Ma stratégie avait fonctionné ! Il est venu me rencontrer et m'a dit que le ministère serait prêt à me donner une subvention de 50 000 $, ce qui représentait la moitié du budget nécessaire pour démarrer mon projet. Il fallait que je me débrouille pour trouver le reste. Avec ma lettre de la subvention, je suis allé voir la Banque Nationale, qui m'a accordé une marge de crédit pour le reste de l'argent manquant.

Je me suis donc mis à faire le *casting* de *La légende d'Alexis le Trotteur*. La troupe des Échassiers était composée de Serge Roy et de Josée Bélanger, que j'avais connus au Balcon Vert, de Carmen Ruest, de Dany Frenette, de Colette Brouillé, de Guy Arsenault, de Guy Laliberté et moi. Se sont également ajoutés six musiciens et les habilleuses. Doloreze Léonard, que je retrouverai plus tard au Cirque du Soleil, s'est jointe à la troupe d'abord comme habilleuse et, par la suite, elle est devenue échassière. Jean-Pierre Brouillé avait écrit le scénario qui comprenait des textes et des chansons, car il avait choisi de structurer *La légende* comme une opérette. Carmen a proposé Pierre Saint-Jacques et René Lussier pour composer les musiques, qui allaient du folklore au rock en passant par le reggae et la valse. Tout ce beau monde s'est rassemblé au vieux couvent de Baie-Saint-Paul pour apprendre à faire des échasses et répéter le *show*. Ce n'était pas toujours évident parce que les gens que j'avais recrutés n'étaient pas des acteurs. Seul Serge Roy avait fait l'option théâtre de Saint-Hyacinthe. Carmen avait dansé avec les Ballets Jazz de Montréal. Colette, qui travaillait comme serveuse, avait une belle voix. Quant à Josée Bélanger, elle avait appris le graphisme et souhaitait donner un coup de main. Yves St-Gelais, que j'avais engagé comme metteur en scène, venait du théâtre. Il m'avait été recommandé par Sylvain Néron, qui agissait comme producteur et m'avait aidé à mettre sur pied la compagnie des Échassiers. Nous étions une belle *gang*!

Jean-Pierre et Yves avaient choisi de donner une facture clownesque à l'histoire, quelque chose qui s'approchait de la commedia dell'arte. La forme du spectacle était joyeuse et très dynamique. *La légende d'Alexis le Trotteur* était une évocation de la vie d'Alexis en tableaux, avec quelques saynètes dialoguées qui servaient d'introduction aux chansons et aux chorégraphies sur échasses. Les costumes étaient très colorés : dans une des scènes, j'étais vêtu de rose et je dansais un charleston sur de grandes échasses! Carmen et moi dansions aussi un tango pour illustrer les amours d'Alexis, qui tombait en amour avec toutes les femmes qu'il rencontrait. Au départ, nous pensions qu'une scène ne serait pas nécessaire et que nous pourrions jouer n'importe où, même dans la rue. Une fois le *show* monté, nous nous sommes rendu compte que la sonorisation, les éclairages et la technique ne pourraient pas se faire sur un coin de rue. Nous avons donc vendu *La légende* comme un *show* de scène. La première a eu lieu à Baie-Saint-Paul, où la Ville nous avait engagés pour les fêtes de la Saint-Jean. Ça manquait un peu de rythme, mais fut très bien reçu. Le Festival d'été de Québec nous a inclus dans sa programmation et nous avons aussi vendu un spectacle à Jonquière pour la fête du Canada. Et puis, plus rien… sauf le contrat de La Grande Virée, signé à Contact Québec. À la fin de l'été, nous avons joué au cégep de Drummondville. René Homier-Roy a fait un reportage pour *Les Beaux Dimanches*, où des extraits du spectacle ont été présentés. À cette époque, c'était l'une des émissions de télévision parmi les plus regardées au Québec. Le lendemain de la diffusion, le téléphone s'est mis à sonner. Dans les mois qui ont suivi, nous avons eu plus de 60 réservations pour l'été suivant.

En parallèle avec *La légende,* nous voulions faire un *show* de rue plus simple afin de pouvoir jouer n'importe où et plus souvent. Nous avons créé *La danse du dragon*, un spectacle collectif dans l'esprit du Bread and Puppet, avec une immense marionnette portée par les échassiers. Nos six musiciens jouaient la musique de *La légende*. Les filles ont cousu le corps du dragon en tissu, la tête était en papier mâché peint et mesurait six pieds de long. Nous avons présenté *La danse du dragon* pour la première fois au Festival d'automne, à Rimouski, dans un parc. Une très belle réussite ! Quelqu'un a parlé de nous à Claude Jutra, qui, à ce moment-là, tournait *Un petit bonhomme de chemin*, un documentaire sur les amuseurs publics du Québec. Il nous a rencontrés et nous a dit qu'il aimerait que nous fassions *La danse du dragon* à Montréal dans une grande rue. Il nous a filmés sur une petite colline, près de Dorval, à six heures, nimbés de fumée, comme si le dragon arrivait en ville. Ensuite, nous avons fait une autre séquence au parc Jeanne-Mance et nous avons terminé en faisant le *show* rue Sainte-Catherine, au square Phillips. Ce film est, malheureusement, resté inachevé, mais le fait qu'un maître du cinéma comme Jutra veuille nous filmer a été une grande reconnaissance de notre originalité et nous a donné confiance en l'avenir.

La première année des Échassiers, j'étais le moteur de la troupe. Les débuts d'une telle aventure ne peuvent pas se faire sans certains sacrifices. Je ne rentrais pas tout le temps à la maison, je dormais même parfois au milieu des costumes du spectacle et des échasses. À la maison, je n'étais pas tout à fait présent, préoccupé par le futur de la troupe. Un jour, Danielle, la mère de mes garçons, en a eu assez :

« T'es jamais ici. Ça ne marche pas.

— C'est sûr que c'est pas la situation idéale. Ce n'est pas ce dans quoi on s'est embarqués au départ, mais la vie fait ce qu'elle fait. Je vais toujours être là pour les enfants. En été, ce n'est pas possible, mais, à l'automne, je vais m'en occuper et ce sera à ton tour de prendre un *break*. »

Après cette première tournée, beaucoup de choses ont dû changer aux Échassiers. Tout reposait sur moi, j'étais responsable de l'ensemble des risques financiers, et c'était devenu trop lourd. J'avais fait mon choix. J'ai dit aux autres : « On peut continuer, mais je ne veux plus être le seul à tout assumer. On va former une compagnie à but non lucratif, tous ceux qui le veulent seront membres. Cette compagnie devra endosser une partie des dettes. On devra tous être égaux et on décidera ensemble de notre développement. »

C'est ainsi que le Club des Talons Hauts est né, une nouvelle sorte de commune. Tout le monde est devenu membre. J'ai assumé la moitié des dettes de l'année précédente, avec ma maison en garantie. Guy Laliberté de son côté a demandé à son père d'endosser un prêt bancaire pour couvrir la balance des dettes que la nouvelle compagnie assumait en achetant les actifs des Échassiers. Le nom est une idée des filles de la troupe parce que je disais toujours qu'être sur des échasses, c'était comme marcher sur des talons hauts : tu n'as plus de pieds, tu as seulement des talons hauts !

En 1981, nous avons réduit la troupe parce que nous n'avions plus de subventions. La musique du spectacle a été enregistrée en studio et nous avons fonctionné avec des bandes plutôt qu'avec des musiciens. Nous étions maintenant huit sur scène. Robert Lagueux s'est joint à nous pour le *booking*. Nous avons acheté un vieil autobus scolaire pour transporter la troupe, les costumes, les décors et l'équipement en tournée. Nous l'avons repeint en bleu, avec des bandes rouges et des étoiles dorées. Lorsque nous arrivions dans une ville et que nous ouvrions cette boîte à surprises pour installer notre spectacle, c'était magnifique !

Les Échassiers ont été invités à participer aux festivités de la Saint-Jean au parc Maisonneuve, à Montréal. Le jour du spectacle, il s'est mis à pleuvoir des cordes, et la pluie semblait vouloir durer longtemps. Impossible de faire le *show*. La fête a donc été déménagée in extremis à la salle Wilfrid-Pelletier. Nous étions programmés au début du spectacle et nous avons présenté « La veillée », un numéro tiré de *La légende*. Il fallait que je me place sur scène avant que les rideaux s'ouvrent. Je me suis installé sur mes échasses derrière le grand rideau de scène et j'ai entendu le murmure sourd du public dans la salle. On aurait dit un gigantesque animal qui respirait. J'en avais des frissons. Les rideaux se sont ouverts, la musique a commencé et j'ai poussé un grand cri en lançant mon chapeau dans les airs. Je m'en souviendrai toute ma vie, c'était un moment extraordinaire. En seulement deux ans, Les Échassiers avaient voyagé des rues de Baie-Saint-Paul à la Place des Arts ! Le lendemain, nous avons fêté la Saint-Jean-Baptiste dans le Vieux-Port de Montréal, où nous avons joué des extraits de *La légende* sur scène. Nous avons repris *La danse du dragon* parmi la foule et présenté *La chasse-galerie* dans un énorme canot en nylon qui se déplaçait au-dessus des gens. On aurait dit qu'il flottait sur la foule. Les spectateurs étaient très proches ; ils dansaient avec nous.

Les Échassiers étaient maintenant connus et appréciés, mais je trouvais vraiment dommage de travailler seulement l'été. Je me suis dit qu'en hiver, les gens se rassemblaient dans les arénas et que nous devrions y présenter des extraits de nos spectacles. J'ai donc bricolé des patins à glace que j'ai fixés au bout de mes échasses en aluminium. J'ai appris à me déplacer sur la glace en m'entraînant à l'aréna de Baie-Saint-Paul. Juché sur mes échasses, j'ai commencé par faire le tour de la patinoire en me tenant au haut de la baie vitrée. Puis, je me suis lancé pour traverser d'un côté à l'autre de la patinoire. Je suis tombé quelques fois, je me suis cassé une côte et un poignet, mais j'ai réussi. Josée Bélanger, mon ami Pierre Noël et moi avons monté un numéro de quinze minutes pour les enfants, que nous pouvions présenter lors de compétitions de patinage artistique. Nos idées prenaient de l'ampleur et se diversifiaient.

C'EST LA FÊTE !

PENDANT L'HIVER, JE ME SUIS DIT QU'AVEC TOUS LES ARTISTES de rue que nous avions connus l'année précédente dans les festivals, nous pourrions organiser, avec l'aide de Robert Lagueux, un rassemblement d'amuseurs publics. J'ai demandé l'autorisation à la Ville de Baie-Saint-Paul. J'ai dit aux administrateurs que ce serait une fête foraine, ce qui serait bon pour le tourisme. Nous voulions faire une fête familiale pendant quatre jours, avec des artistes de rue et des ateliers de fil de fer, d'échasses, de jonglerie et de maquillage ouverts à tous. La Ville a accepté.

Au début de 1982, Guy Laliberté, qui, comme chaque hiver, était parti quelque part au soleil, m'avait appelé et m'avait demandé :

« Est-ce qu'il se passe quelque chose avec Les Échassiers, cet été ?

— Oui, on a un gros projet, un festival d'amuseurs de rue. Ça serait le *fun* que tu viennes parce que tu connais plein d'amuseurs publics en Europe et aux États-Unis, et tu pourrais nous aider à la programmation.

— OK, je m'en viens. »

Guy, Robert Lagueux, notre relationniste depuis le début, et moi avons commencé à nous organiser. Nous avons obtenu une petite subvention du ministère du Tourisme. Nous avons cherché des artistes et des amuseurs publics au Québec et ailleurs : c'est ainsi que Baie-Saint-Paul a connu sa première *Fête foraine*. Chaque artiste se produisait dans la rue ou dans un parc. Le spectacle de clôture, dans l'aréna de Baie-Saint-Paul, était composé d'extraits des numéros de chaque artiste. Les Échassiers n'y faisaient qu'un numéro de *La légende*, mais tous les membres travaillaient à la coordination et à l'encadrement. Nous nous sommes arrangés pour que notre *Fête foraine* ait lieu tout de suite après le Festival d'été de Québec, ce qui nous a permis d'avoir des amuseurs publics qui s'y produisaient. Nous avons fermé la rue principale de Baie-Saint-Paul pour y faire des parades. Le soir du dernier spectacle, il est arrivé quelque chose que j'ai vu comme un signe du ciel. Lors du salut final, tous les artistes étaient sur scène et il y a eu une coupure de courant. Le public est parti tranquillement. Nous sommes tous allés en coulisses pour ranger nos costumes. Tout le monde murmurait et chuchotait, peut-être à cause de l'obscurité. Ce qui donnait une ambiance magique à la conclusion de cette *Fête foraine*, qui avait connu un grand succès. J'étais assis avec Guy, dans le noir presque total, et j'ai dit tout doucement pour ne pas briser le charme : « Tu sais quoi ? On prend ce *show*, on le met sous un chapiteau, et on a un cirque. »

C'est à ce moment qu'est née l'idée du Cirque du Soleil. C'est arrivé souvent que je dise quelque chose à Guy et qu'il me réponde : « Tout à fait, j'y pensais justement hier. » Guy est un récupérateur de génie. C'est tout à fait correct, mais un seul individu n'aurait jamais pu créer quelque chose d'aussi gigantesque que le Cirque du Soleil, ni lui, ni moi, ni chacune des dizaines de personnes qui ont amené une pierre à l'édifice. Comme pour n'importe quelle création d'envergure, il faut une armée de rêveurs et de bâtisseurs pour que le rêve devienne réalité.

L'année suivante, Robert et Guy sont allés voir la Ville de Baie-Saint-Paul pour demander la permission d'utiliser le terrain extérieur de l'aréna. L'espace a été clôturé et un chapiteau monté sur les lieux. L'entrée était gratuite pour les enfants, mais les adultes devaient payer un dollar.

À l'automne 1983, j'ai déménagé à Montréal avec mes enfants. Je me suis inscrit à l'Université Concordia en scénographie. Je voulais travailler en coulisses et je trouvais que je manquais de connaissances pour faire du théâtre comme je l'imaginais. Je voulais savoir ce qu'était une vraie production théâtrale, apprendre à concevoir des décors, des costumes et de l'éclairage. Le directeur du département, John Child, a reconnu mes expériences de rue. Je suis donc retourné à l'école à trente-trois ans.

Par l'entremise d'une amie de Colette Brouillé, Les Échassiers ont été invités à présenter *La légende d'Alexis le Trotteur* à Paris pour l'ouverture d'un petit théâtre dans le 11e arrondissement. Nous étions fous de joie, mais nous n'avions pas d'argent. Nous avons donc imaginé toutes sortes de collectes de fonds, jusqu'à faire un échasse-o-thon dans des bars du Plateau Mont-Royal! Finalement, l'ambassade du Canada à Paris nous a offert l'hébergement dans un petit hôtel près du Châtelet, et le gouvernement du Québec a payé le coût des billets d'avion. La collecte de fonds a servi à payer le transport du matériel et à verser un petit *per diem* à chaque personne de l'équipe. Comme plusieurs membres de la troupe, je n'étais jamais allé à Paris. Nous sommes partis au début décembre, très excités d'aller y présenter notre spectacle. Jusqu'à notre départ, Colette Brouillé, qui était déjà à Paris, nous téléphonait et nous disait : « Vous savez, la finition du théâtre n'avance pas vite. Je ne suis vraiment pas sûre qu'il sera prêt à temps. Qu'est-ce qu'on fait ? » Nous avions déjà payé l'hébergement et les billets d'avion, et il aurait fallu tout annuler. C'était à moi de prendre la décision. Un soir, j'ai regardé la grande affiche du spectacle, que j'avais dans ma chambre, et j'ai demandé à Alexis le Trotteur : « Qu'est-ce que t'en dis ? »

Le lendemain, j'ai dit à tout le monde que, dans la nuit, Alexis m'avait confié qu'il voulait aller à Paris. Nous sommes donc partis !

Arrivés à Paris, nous avons récupéré notre matériel, qui avait traversé l'Atlantique par cargo, et nous nous sommes rendus au théâtre. C'était dans un tout petit bâtiment de trois étages d'une rue étroite qui s'appelle Le Passage du bureau. La salle était au rez-de-chaussée, sans sièges, sans électricité, sans chauffage, et avec un tas de gravats en plein milieu. En gros, rien n'était prêt, mais nos affiches l'étaient et elles annonçaient bien un spectacle au Passage du bureau débutant le 7 décembre.

Vu l'état des lieux, il nous fallait trouver des solutions. Marius Chouinard, notre sonorisateur, connaissait des gens qui pouvaient nous prêter du matériel de son et peut-être d'éclairage, mais nous n'avions pas d'électricité. J'ai dit au responsable du théâtre : « On a un espace. C'est tout ce qu'on a, mais on l'a. Fais-nous confiance, on va s'arranger pour faire le spectacle. On n'est pas venus à Paris seulement pour voir la tour Eiffel. »

À cette époque, à Montréal, quand Hydro-Québec coupait l'électricité à quelqu'un parce qu'il ne pouvait pas payer son compte, un organisme, qui s'appelait Les Robins des Toits, rebranchait son compteur chez un voisin. Je me suis dit que nous pourrions peut-être faire la même chose. Marius est allé sur le toit de l'immeuble pour voir si c'était possible. Nous pouvions effectivement brancher nos fils sur le compteur d'un voisin, mais pas en permanence. À 16 heures, quand nous arrivions au théâtre, nous nous branchions donc au bar du coin de la rue jusqu'à 23 heures, lorsque nous partions. Je me suis dit que, pour les trois semaines pendant lesquelles nous jouerions, le propriétaire du bar ne s'en rendrait pas compte. Les Français qui nous avaient invités capotaient. Ils nous disaient: «Vous êtes malades, les Québécois!» Je n'ai eu aucun remords: le propriétaire du bar nous aimait bien et je pense qu'en trois semaines, nous avons dépensé plus d'argent chez lui à faire la fête que ses coûts supplémentaires d'électricité!

Les filles ont demandé au curé d'une église du quartier s'il n'aurait pas des chaises à nous prêter. Elles en ont rapporté 75. La salle était en forme de trapèze; l'espace y était trop étroit pour installer nos décors et tous les acteurs. Nous en avons donc inversé la disposition. Les chaises étaient placées là où aurait dû être la scène, et nous avons joué là où les spectateurs auraient dû être assis. Pour se rendre à leur place, ceux-ci devaient passer par les coulisses et la scène, au milieu de nos échasses et de nos costumes. Nous avions du son, de l'éclairage, de l'électricité et des chaises: notre détermination et notre optimisme nous avaient permis d'installer le petit théâtre.

Lors des premières représentations, il n'y eut qu'une dizaine de spectateurs. Chaque jour, nous posions nos affiches et nous distribuions des tracts sur nos échasses pour faire parler de nous. Ceux qui avaient assisté au spectacle l'avaient aimé et, avec le bouche à oreille, les derniers *shows*, à la veille de Noël, affichaient complet. Finalement, nous avons donné 22 représentations. Nous étions très fiers et nous nous sommes amusés comme des fous. Nous logions tous à l'hôtel, les filles dans une chambre et les gars dans une autre. Nous nous sommes souvent couchés tard et nous avons fait des *partys* dont les amis parisiens se souviennent encore !

Après cette sortie internationale, Les Échassiers se sont séparés. Nous avions connu le point culminant de cette aventure de groupe et nous n'avions aucun contrat à l'horizon. Chacun est parti de son côté pour gagner sa vie.

LE GRAND TOUR

J'AI REPRIS MES COURS À L'UNIVERSITÉ CONCORDIA ET, À LA fin de l'année, Guy Laliberté m'a dit : «Je veux amener la *Fête foraine* en tournée. Veux-tu en faire partie ? » J'ai accepté, mais en tant que concepteur et artiste. Personne ne s'occupait de la création du décor, c'était l'occasion pour moi de mettre en pratique mon récent apprentissage de la scénographie. J'ai conçu la piste et le décor, et j'ai demandé au département de théâtre de Concordia de nous prêter les ateliers pour les construire. Encore aujourd'hui, peu de gens savent que je suis le concepteur de la première piste et du premier décor du Cirque du Soleil, et qu'il a été fabriqué par des étudiants de Concordia. Dans ce groupe de finissants, il y avait, entre autres, Luc Lafortune, qui est devenu le premier éclairagiste de la tournée et qui est resté au Cirque pendant vingt ans.

Guy Laliberté avait entendu dire qu'en 1984, il y aurait d'importantes subventions accordées à l'occasion des 450 ans de l'arrivée de Jacques Cartier en Nouvelle-France. Plusieurs producteurs ont présenté des projets de spectacles à Québec ou à Montréal, mais très peu en région. Guy et Robert Lagueux ont présenté le projet du *Grand tour du Cirque du Soleil*, qui reprenait l'idée de la *Fête foraine*, des amuseurs publics et des ateliers publics, mais en tournée dans 12 villes du Québec. Le comité des célébrations du 450ᵉ anniversaire a aimé l'idée parce qu'elle répondait à son mandat de produire des évènements en région. Guy s'est servi du Club des Talons Hauts pour demander la subvention. Il l'a obtenue. Nous avons monté le projet et nous nous sommes procuré un chapiteau de 800 places. Mes jumeaux, qui avaient dix ans, étaient avec moi pour l'été pendant la tournée. J'ai eu l'idée de créer un petit spectacle intitulé *Les enfants dompteurs* avec eux et la fille de Josée Bélanger, qui faisait aussi partie de la tournée. J'ai fabriqué, avec Carmen et Doloreze, d'énormes marionnettes d'animaux que les enfants et moi manipulions. Guy m'a dit : « Maintenant qu'on a un chapiteau, il faut que tu fasses de l'acrobatie dans le spectacle. » J'avais vu des Russes faire des sauts périlleux sur échasses quand un cirque de Moscou était venu au Québec, et j'ai décidé de monter un numéro d'acrobatie sur échasses. Rien de moins ! J'étais un peu craintif, mais, une fois de plus, je me suis lancé dans le vide. J'ai osé. Je suis allé voir Guy Caron, le directeur de l'École de cirque de Montréal, qui m'a présenté Zigmund Brejner, un professeur d'acrobatie polonais. J'ai commencé mon entraînement en apprenant à faire des sauts périlleux sans échasses sur un trampoline. Ensuite, je me suis entraîné avec des petites échasses sur le trampoline, puis sur une planche sautoir, harnaché à une longe de sécurité, car le plafond de l'école de cirque était à peine assez haut pour mes pratiques et je m'y accrochais souvent. Finalement, sans devenir un champion d'acrobatie, j'ai atteint un niveau suffisant pour faire un numéro devant public. Ma mère est venue voir le spectacle. Elle avait peur pour moi et ne comprenait pas pourquoi je faisais quelque chose d'aussi périlleux alors que j'avais des enfants dont je devais m'occuper. « Quand deviendras-tu sérieux ? m'a-t-elle dit. Faire le clown, c'est pas une façon de gagner sa vie ! »

Elle est morte en 1988, peu de temps après que je suis devenu directeur artistique du Cirque du Soleil, qui connaissait déjà un succès dépassant toutes nos attentes. Je pense qu'elle aurait été fière de moi, fière de constater que j'avais réussi à faire ma place et à être reconnu pour mon audace.

La *Fête foraine* en tournée occupait trois pistes extérieures, mais certains numéros, qui nécessitaient de la sonorisation, comme celui de La Fanfafonie, se déroulaient dans le chapiteau, sur la piste que j'avais conçue. Les enfants et moi jouions *Les enfants dompteurs* à l'extérieur, en journée, pour les familles. Je participais aussi à un numéro avec Ben La Barouette, au cours duquel je crachais du feu en équilibre sur un fil. Le soir, je faisais mes sauts périlleux sur échasses dans le spectacle de groupe, sur la piste.

Pour mettre en place la tournée, il a fallu rassembler des artistes de rue québécois et européens. Nous avons loué la salle du cégep de Sainte-Thérèse pour monter les spectacles d'ouverture et de clôture, où chacun allait présenter un extrait de son numéro. Quand nous nous sommes retrouvés tous ensemble dans la grande salle, ce fut vraiment spécial. C'était un moment unique. Nous étions à peu près 40 personnes : moi, avec mes garçons et la fille de Josée, La Fanfafonie, Rodrigue, Chocolat, Ben La Barouette et des groupes européens comme Le Cirque de Trottoir, de Belgique, et un groupe de Bâle, en Suisse. C'était la première fois qu'autant d'artistes de rue étaient réunis pour une même tournée. Nous avions la sensation d'être en train de construire une communauté qui dépasserait même les frontières du Québec. L'idée d'un cirque prenait forme sous nos yeux.

La tournée devait commencer à Gaspé, en juin. Le chapiteau est arrivé d'Europe, accompagné d'un chef monteur suisse venu apprendre à nos techniciens québécois la façon de monter un chapiteau. La semaine où nous répétions à Sainte-Thérèse, il était monté à mi-mât, c'est-à-dire qu'il n'était pas dressé jusqu'au maximum. Toute la troupe était en train de manger lorsqu'un orage très violent a éclaté. Très rapidement, les toiles du chapiteau se sont remplies d'eau, ce qui a fait courber les mâts. Il nous a fallu tout démonter. Nous n'avions plus de chapiteau et nous devions refaire de nouveaux mâts. Avec l'inconscience et l'espérance de la jeunesse, nous nous sommes dit qu'on trouverait bien une solution, une fois rendus à Gaspé, et, qu'au pire, nous jouerions dans la rue.

L'organisation de la tournée était faite en partie par les anciens des Échassiers parce que le spectacle était présenté par Le Club des Talons Hauts, dirigé, à ce moment-là, par Guy Laliberté. Nous étions pleins d'énergie et de bonne volonté, mais néophytes dans l'organisation d'une tournée de cette ampleur. Il avait été prévu que, dans chaque ville, le groupe qui recevait *Le Grand tour* s'occuperait des démarches pour le logement, la publicité, etc. Lorsque nous sommes arrivés à Gaspé, tout le monde était épuisé. Tout ce que le groupe responsable avait trouvé comme logement, c'était l'auberge de jeunesse locale, où des petits lits étaient superposés comme des hamacs et où les repas étaient très quelconques. Ça râlait dans la troupe. La grogne avait commencé à Sainte-Thérèse. Les râleurs se retrouvaient surtout parmi les Belges, qui estimaient que nous étions des amateurs, que nous avions obtenu une grosse subvention, mais que nous ne la méritions pas. Ils trouvaient aussi que Guy Laliberté était un magouilleur qui s'en mettait plein les poches. Ce qui, bien sûr, était faux. Mais ils avaient raison en ce qui a trait au manque d'organisation. À Gaspé, le mécontentement s'est transformé en quasi-mutinerie. Les meneurs de la fronde avaient chauffé tout le monde en disant que *Le Grand tour* devait maintenant être autogéré par les artistes. Tous ceux qui logeaient à l'auberge de jeunesse se sont rassemblés et ils ont décidé qu'en signe de protestation, ils n'iraient pas à la conférence de presse pour le lancement de la tournée du *Grand tour*, où nous étions attendus à midi pour présenter quelques numéros devant les journalistes.

Lors de cette rencontre, il a été statué que l'absence des artistes serait signifiée par lettre, et j'ai été désigné pour la porter à Guy. J'étais un artiste comme eux, mais tout le monde savait d'où je venais et connaissait mes liens avec Guy. Je me suis dit que, si je n'y allais pas, quelqu'un d'autre irait et que ça pourrait mal tourner. Et puis, je trouverais bien la façon de parler à Guy pour trouver une solution. J'ai donc accepté d'être le messager. Je me suis présenté à la conférence et j'ai dit à Robert Lagueux et à Guy que les artistes ne viendraient pas.

« Pourquoi ? a demandé Guy.

— Tout le monde est épuisé. Ils n'aiment pas les conditions de la tournée et la bouffe n'est pas bonne. Toi, tu dors dans un bon hôtel et, nous, on couche à l'auberge de jeunesse, sur des matelas défoncés. C'est vrai que, présentement, c'est n'importe quoi, l'organisation. »

Cela a créé un froid. Je lui ai dit que les artistes m'avaient remis une lettre pour que je la lise aux journalistes. Il m'a pris la lettre des mains et m'a dit : « Tu ne liras rien du tout. Je vais aller les voir. » Il a d'abord rencontré les journalistes et leur a annoncé que les artistes ne pourraient pas être présents parce qu'ils étaient trop fatigués. Plutôt que de donner une performance qui ne serait pas à la hauteur, ils avaient choisi de rencontrer les journalistes dans les jours suivants pour faire des entrevues individuelles. Il s'en est très bien sorti et la conférence de presse a porté sur le plan de la tournée.

Guy a ensuite eu sa première confrontation avec les artistes. C'était la première fois qu'il vivait ce genre de situation, mais ça ne serait pas la dernière au fil des années ! Il est arrivé à l'auberge de jeunesse, s'est assis devant tout le monde et a dit : « Vous voulez me parler ? Allez-y. » En un instant, il est devenu le *punching bag* de la troupe. Pendant ce temps-là, il prenait des notes. Puis, il leur a dit : « Écoutez, c'est un projet nouveau. Oui, on est des néophytes. Je n'ai pas la prétention de tout connaître, je veux bien être à votre écoute, mais il faut que vous compreniez que c'est expérimental, ce qu'on vit. On essaie de créer un cirque et on peut le faire ensemble. »

Les Belges ont dit qu'ils ne faisaient pas de cirque québécois : « On est venus, on a un contrat, on veut qu'il soit respecté. Les conditions sont pourries et on veut être consultés. »

Guy a rapidement identifié qui étaient les meneurs. Il leur a dit : « OK, on va faire des rencontres hebdomadaires. On va s'asseoir et on va discuter des problèmes et des conditions de tournée. On va revoir l'hébergement et la nourriture. Je ne vous cacherai rien. Je n'ai jamais voulu vous cacher quoi que ce soit. Vous pensez que je vous ai caché quelque chose ? C'est correct. Vous ferez partie du développement de la tournée, mais on a, nous aussi, un contrat à respecter. Ça fonctionne dans les deux sens. »

Il a très bien fait face aux canons. Finalement, l'atmosphère s'est détendue et nous avons joué à Gaspé dans un chapiteau prêté par le gouvernement fédéral, avec une structure dotée de herses plutôt que de mâts. Guy m'en a voulu pendant longtemps pour l'épisode de la lettre. Des années plus tard, il m'a dit :

« C'est toi qui m'as apporté la lettre.

— Guy, je t'ai expliqué le contexte. Je n'avais pas le choix. J'étais un artiste, je vivais dans les mêmes conditions qu'eux, et il valait mieux que ce soit moi qui vienne te rencontrer.

— Donc, t'étais d'accord avec eux !

— T'aurais passé les nuits dans mon lit, t'aurais été d'accord avec eux, toi aussi ! »

Le lendemain, nous avons fait une parade dans la ville, qui a marqué le début du *Grand tour du Cirque du Soleil*. René Lévesque était présent pour couper le ruban d'honneur, qui était tenu par mes jumeaux, Olivier et Vincent. J'étais très fier.

Aujourd'hui, Guy reconnaît que, si je n'avais pas été là, il ne serait pas où il est. Il n'a jamais protesté quand quelqu'un dit que j'ai été cofondateur du Cirque du Soleil. Il l'a toujours reconnu. Il ne peut pas l'ignorer parce que c'est, entre autres, grâce à ma marche sur échasses et à ma persévérance à monter la *Fête foraine* que le Cirque existe. Et, bien sûr, les trente ans que j'y ai passés.

LE CIRQUE DU SOLEIL

LE NOM DU CIRQUE EST UNE IDÉE DE GUY QUI NOUS A confié, à son retour d'Hawaï en 1984, qu'il avait eu une vision en contemplant un coucher de soleil. Le nom m'a plu parce qu'il est proche de celui de la troupe d'Ariane Mnouchkine, le Théâtre du Soleil. J'ai toujours rêvé de travailler avec elle, car l'esprit de sa troupe – théâtral, circassien et communautaire – est proche de ce que nous faisions avec Les Échassiers.

Après la tournée du Cirque du Soleil, en 1985, je me suis retiré de la piste. J'avais trente-cinq ans, j'étais le plus âgé de la troupe, et je n'en pouvais plus d'avoir mal aux jambes, aux reins, au dos, mal partout. Sauter avec des échasses est très éprouvant pour le corps, autant que pour un athlète ou un danseur. Aujourd'hui, quand je vois un artiste prendre sa retraite, je me dis qu'il en a assez de souffrir, de mettre de la glace là où il a mal et de se réveiller tous les matins raide et endolori. À un moment donné, on n'en peut plus. J'ai arrêté pour cette raison. Une fois de plus, j'ai sauté dans l'inconnu sauf que, cette fois-ci, c'était quasiment pour une question de santé.

À l'automne, j'ai commencé à travailler dans les ateliers de décors de l'Opéra de Montréal, où le scénographe Claude Girard m'a engagé comme assistant. J'ai fait deux opéras avec lui, *Roméo et Juliette* et *Cavalleria rusticana*. Pendant les répétitions, je me plaçais à côté du metteur en scène et je lui disais : « Il faut une intention à ce personnage pour qu'il entre sur scène. Là, il arrive comme un cheveu sur la soupe. »

Le metteur en scène me donnait souvent raison, mais Claude Girard me disait : « Ste-Croix, t'es brillant, mais t'es mon assistant ; alors, assiste ! »

L'opéra, comme le cirque, mélange toutes sortes d'éléments. J'aimais faire le suivi des plans d'éclairage, des costumes, de la construction des décors, travailler avec les techniciens pour installer les lumières. J'apprenais le langage de la scène et j'apprivoisais le genre de spectacle qui m'allumait. J'appliquais ce que j'avais appris à Concordia. En fin de compte, je me préparais sans le savoir à mon futur poste de directeur artistique au Cirque du Soleil. Je passais de temps en temps saluer les gens du Cirque, qui venait de déménager rue Saint-Hubert. J'allais voir Guy qui se débattait pour trouver l'argent de la prochaine tournée. Il avait réussi à avoir des subventions en 1985, mais ce n'était toujours pas la ruée vers l'or. Il m'a demandé ce que je devenais. Je lui ai montré les plans que j'avais dessinés pour l'Opéra de Montréal. Il était content pour moi. Il m'a demandé si je souhaitais travailler à des projets spéciaux du Cirque parce qu'il y avait beaucoup de demandes pour des congrès, des conventions, etc. J'ai accepté, car l'Opéra ne m'occupait pas à temps plein. Je suis donc revenu au Cirque pour mettre sur pied une section de « Projets spéciaux ». J'ai engagé des jongleurs, des acrobates et d'autres artistes au Québec. Je suis allé en chercher en Europe aussi. J'ai été le premier à présenter des artistes de cirque dans une salle de congrès, à créer des petits *shows* pour des salles qui, au départ, n'étaient pas faites pour le cirque.

Un de ces projets spéciaux m'a particulièrement marqué. Les gens de Canadian, la compagnie aérienne qui, à l'époque, nous fournissait les billets d'avion, nous ont demandé de présenter un spectacle à Iqaluit, dans le Grand Nord, pour la communauté innue. L'idée m'a tout de suite plu, et je suis parti en reconnaissance sur les lieux en juin. C'était la première fois que j'allais dans le Grand Nord. La neige avait commencé à fondre. Le village était constitué de quelques maisons dispersées sur un chemin de terre. Nous avons visité l'école où nous devions jouer. Les enfants nous saluaient. Tout le monde parlait anglais. En septembre, nous sommes arrivés avec une trentaine d'artistes, des décors et des équipements acrobatiques pour présenter une version allégée et raccourcie de *Cirque réinventé* dans le gymnase de l'école du village. Le soir du spectacle, nous attendions un public d'environ 800 personnes. Peu avant le début de la représentation, les alentours étaient déserts, personne à l'horizon. Il faisait tempête dehors, vent et poudrerie mêlés. Et puis, dans la nuit noire, nous avons entendu le grondement des motoneiges qui arrivaient toutes en même temps, comme une cavalcade mécanique. Les Innus se sont assis autour de la piste, et tout le monde a attendu. Une très vieille dame est arrivée et elle s'est assise dans la première rangée. C'était l'aïeule du village, elle avait cent quatre ans. Le spectacle a commencé, et ce fut extraordinaire d'être témoins de ces gens qui voyaient, chez eux, des acrobates et des artistes de cirque pour la première fois.

En tant que responsable des projets spéciaux, j'en ai monté plusieurs, certains dotés d'un budget de 50 000 $, d'autres, de 300 000 $. En un an, j'en ai fait une centaine, avec un chiffre d'affaires tournant autour d'un million et demi de dollars et un profit d'à peu près 100 000 $. Le nom du Cirque rayonnait et tout allait bien pour moi : je développais mon sens artistique et ma capacité à diriger un spectacle. Guy Laliberté et les autres constataient que j'étais capable de monter des shows intéressants. Ce qui m'amènera à remplacer Guy Caron à la direction artistique du Cirque.

En 1984, à la fin du *Grand tour*, Guy Caron, qui en avait fait partie comme artiste du Cirque du trottoir, avait dit à Guy Laliberté : « Je ne sais pas ce que tu vas faire avec ça l'an prochain, mais on pourrait monter un vrai cirque. Je pourrais t'aider à trouver des artistes ; j'en connais ici et en Europe. On pourrait monter un show avec des individus, pas des groupes comme cette année. Et on pourrait engager des jeunes de l'École de cirque de Montréal. »

Guy Caron a donc fait partie, comme beaucoup d'autres, de la genèse du Cirque, et c'est lui qui, en 1985, a mis en scène *Cirque réinventé*, le premier spectacle du Cirque du Soleil. Deux ans plus tard, *Cirque réinventé*, mis en scène cette fois par Franco Dragone, a fait un triomphe à Los Angeles, et Guy Caron, alors directeur artistique du Cirque, revendiquait sa part de paternité dans ce succès. C'était l'aboutissement d'une démarche artistique amorcée trois ans plus tôt et il voulait une reconnaissance pour lui et pour l'École de cirque. Au même moment, une école française de cirque, à Châlons, lui offrait un poste de directeur, doté d'un salaire intéressant. Il a alors dit à Guy Laliberté :

« Si le Cirque ne reconnaît pas mon travail et mon apport artistique, je m'en vais à Châlons.

— Ben, tu peux partir, lui a répondu Guy Laliberté. Le Cirque du Soleil va toujours épauler l'École de cirque, mais tu peux partir. »

En janvier 1988, Guy Laliberté s'est tourné vers moi et m'a dit : « J'ai un gros projet spécial pour toi, une semaine de *shows* pour les Olympiques de Calgary. » Il avait signé le contrat, mais Guy Caron n'était plus là pour le monter. Je m'en suis donc chargé. J'ai eu l'idée d'adapter le *show* que nous faisions en chapiteau pour un théâtre à Calgary. Un vrai théâtre, sur une scène plutôt qu'une piste de cirque, mais je savais que je pouvais le faire. Le *show* a connu beaucoup de succès, et c'est alors que Guy Laliberté m'a proposé d'être le nouveau directeur artistique du Cirque du Soleil. J'étais honoré, mais je doutais un peu.

« Es-tu malade ? C'est pas ma *gang* d'artistes, c'est Caron qui les a choisis.

— C'est peut-être la *gang* à Caron, mais tu les connais tous. Tu as travaillé avec eux en 1985, et tu viens de le faire encore une fois. Ce serait le bon moment pour débuter. Ils vont te faire confiance. »

Quand Guy a annoncé sa décision aux artistes, ils m'ont applaudi. J'ai réalisé qu'il avait vu juste. Ils étaient d'accord pour travailler avec moi parce que j'étais crédible et que je les avais respectés. J'avais fait le *show* à Calgary et tout s'était bien passé. J'avais du respect pour les artistes parce que j'en étais un. Je connais leur travail, j'ai vécu leurs douleurs, leurs joies, leurs frustrations, leur créativité. Ils m'ont quand même testé pour voir si j'étais de leur bord ou si j'étais seulement un *chum* de Guy Laliberté. Ils m'ont rencontré l'un après l'autre pour me parler de leurs doléances : dormir deux par chambre, jouer dix à douze spectacles par semaine, étouffer dans le chapiteau qui, à l'époque, n'était pas climatisé, être 27 artistes sur la piste dont le tiers d'entre eux étaient blessés. « Qu'est-ce que tu vas faire pour régler la situation ? » m'ont-ils demandé.

Je les ai écoutés, j'ai dressé la liste des problèmes et j'ai rencontré Normand Latourelle, alors directeur de tournée.

« Ça ne marche pas, lui ai-je dit. Les artistes savent combien les billets sont vendus et ce que rapporte chaque spectacle. Je vous recommande de leur accorder une augmentation de salaire pour reconnaître leurs efforts. Et aussi de leur donner de meilleures conditions. Vous les logez au Holiday Inn, et vous les mettez un par chambre. Ça enverrait un bon signal. Et puis, il n'y a pas assez d'artistes. Il en faudrait au moins quatre ou cinq de plus. Certains travaillent blessés, c'est inacceptable. Il faut pouvoir organiser des rotations.

— Les artistes ont signé un contrat qui les lie au Cirque jusqu'à la fin de l'année, m'a répondu Latourelle. C'est comme ça, et ça finit là.

— OK, mais, si vous ne faites rien, vous vous préparez une tempête. C'est clair.

— Il ne faut pas trop bichonner un artiste sinon il ne donne pas de rendement. Leurs conditions sont bien mieux que celles d'autres cirques. *Anyway*, ils ont signé ce contrat. Je ne céderai pas là-dessus.

— D'accord, mais vous vous préparez une belle tempête. »

Je n'étais pas du tout d'accord avec son attitude, mais j'ai pu engager plus d'artistes et une coordonnatrice artistique pour gérer les problèmes quand je n'étais pas là. L'atmosphère de travail s'est améliorée et les tensions ont diminué. Quand j'étais sur le site, n'importe qui pouvait me parler. Ma tactique, c'était de me promener dans le stationnement où chacun pouvait venir me voir. De cette façon, tout le monde savait que nous nous parlions, mais ça se faisait en privé, sans messes basses et sans personne qui écoute derrière une porte. Nous étions dans l'ouverture. J'ai aussi instauré « le tapis rouge ». À cette époque-là, la piste était en contreplaqué, sans caoutchouc d'absorption ou de tapis de danse. Quand un numéro le demandait, par exemple un numéro de danse ou de main à main, un grand tapis épais en laine rouge était placé sur la piste. Le numéro fini, il était roulé puis placé en coulisses. Les artistes l'utilisaient pour se réchauffer et se détendre. J'ai pris l'habitude de tenir les réunions artistiques sur ce tapis. C'était un point de ralliement que tout le monde connaissait. Aujourd'hui, les employés du Cirque disent toujours « À quelle heure est le tapis rouge ? », alors que celui-ci n'est plus utilisé depuis longtemps pour les réunions. Mais des annonces et des informations artistiques importantes y sont encore faites avant chaque spectacle.

À la fin de 1988, le Cirque avait conquis la côte ouest des États-Unis et New York avec *Cirque réinventé*, mais, par manque de planification, aucune ville supplémentaire n'avait été prévue. Normand Latourelle a alors décidé de présenter à nouveau le spectacle à Montréal. Nous étions en octobre et, avec le froid, le gel et le risque de tempêtes de neige, c'était très compliqué de rentrer au Québec. Latourelle n'a pas plié.

Le chapiteau a été installé dans le Vieux-Port de Montréal, avec des abris d'autos pour chauffer les vestiaires et les corridors qui menaient à la tente d'entrée. On aurait dit un campement lunaire. C'était la preuve qu'il était possible de présenter un cirque en hiver au Québec. Comme partout où il avait été présenté en Amérique du Nord, le spectacle a eu du succès, mais, cette fois, il n'a pas été très profitable à cause des installations et du chauffage, qui a coûté une fortune. Et puis, c'est à cette période que l'image du Cirque, jusque-là très positive, a été quelque peu ternie. Le Cirque avait reçu plusieurs prix : celui de la meilleure petite et moyenne entreprise, un prix des Mercuriades, qui récompensent le milieu des affaires au Québec, et Guy Laliberté avait été nommé « Personnalité de l'année » du journal *La Presse*. Certains artistes ont alors donné des entrevues à ce journal, et Nathalie Petrowski a rassemblé leurs plaintes – celles d'Angela Laurier, de Michel Barrette et d'autres – et les a présentées dans un documentaire. Elle y montrait le Cirque qui perçait sur le marché new-yorkais. La perception générale, dans les médias, était que les artistes avaient démissionné en bloc parce qu'ils étaient exploités. La réalité, c'est que leurs contrats arrivaient à échéance à la fin de la tournée et qu'ils en avaient profité pour écorcher la haute direction du Cirque. Guy et moi voulions produire un nouveau spectacle en 1990, mais nous savions que nous ne pouvions pas le faire à temps. Nous n'avions que six mois pour le bâtir. Nous avons donc retravaillé celui de 1989 sur les amorces de *Cirque réinventé*, en changeant quelques éléments et en mêlant de nouveaux artistes et ceux qui avaient accepté de revenir.

Guy a décidé qu'il était temps de développer le marché européen. Ce que nous avons fait avec une version légèrement remaniée de *Cirque réinventé*, présentée à Londres et à Paris. Pendant que nous préparions le spectacle, Grant Eisler, le metteur en scène que j'avais choisi, m'a appris qu'il souffrait du sida. En 1990, il n'existait que des traitements expérimentaux et Grant était à un stade avancé de la maladie. J'ai consulté Guy. Je lui ai dit que je ne pouvais pas relever Grant du projet parce que c'était probablement son dernier. Nous nous sommes entendus pour que je l'accompagne et que je l'aide à finaliser le spectacle. Avant la première, Grant m'a confié qu'il voyait de moins en moins et qu'il comptait sur moi pour l'aider à savoir quel artiste était sur la piste. Peu de temps après, il est rentré chez lui en Estrie, et il s'est éteint quatre mois plus tard.

Nous avons loué un chapiteau et nous l'avons installé sur les bords de la Tamise, en plein cœur de Londres. Le spectacle a commencé à la fin juillet, mais un élément capital avait été ignoré : dans la capitale britannique, les canicules sont fréquentes en été et forcent beaucoup de gens à quitter la ville. Bien que des gens célèbres aient aimé le *show*, comme Lady Diana et ses enfants ainsi que Andrew Lloyd Webber, nous avons eu un achalandage de 40 %. Cela n'a pas été vraiment concluant.

À Paris, comme nous n'avions pas de chapiteau, nous avons joué au Cirque d'hiver, un lieu magnifique, marqué par une longue tradition de cirque. Ce qui rendait le titre de notre spectacle, *Cirque réinventé*, un peu prétentieux et n'a pas plu au monde du cirque français. De plus, la compagnie qui s'occupait de la promotion avait conçu une affiche montrant une Cadillac rose – qui n'avait aucun lien avec le spectacle – et avait choisi le slogan : « Il paraît que c'est formidable. » Difficile de trouver moins vendeur ! Encore là, beaucoup de vedettes et d'hommes politiques, comme le ministre Jack Lang, sont venus et ont parlé en bien du *show*, mais, peu de temps après le début des représentations, une série d'attentats à la bombe ont eu lieu dans le métro, et les Parisiens n'avaient plus le cœur à sortir le soir. Le succès a été mitigé et nous avons terminé les représentations à Noël. Guy s'est alors promis de retourner en Europe avec notre chapiteau, nos équipes de marketing et de promotion pour que nous ayons le contrôle sur tous les aspects du spectacle. Ce que nous avons fait en 1995.

L'histoire du Cirque du Soleil est, comme celle de toute grande compagnie, jalonnée de guerres internes, de tractations de coulisses, d'alliances et de trahisons. Je n'ai jamais été partie prenante de ces épisodes, mais il y en a un où j'étais aux premières loges, quand Guy Laliberté aurait pu être évincé du Cirque du Soleil. En 1986, alors que Normand Latourelle était directeur de tournée, le Cirque avait joué à Vancouver, à Toronto, et, pour la première fois, l'opération avait été rentable. À la suite de ce succès, Latourelle a demandé de devenir directeur général, le poste occupé par Guy. Celui-ci a bien sûr refusé. Latourelle est donc parti en recommandant quelqu'un qui n'avait pas toutes les compétences requises pour le remplacer. Ce qui lui a permis de revenir un an plus tard, à la demande de Guy et de Daniel Gauthier, comme directeur général. Et il est devenu membre du Club des Talons Hauts. La compagnie comprenait alors Guy Laliberté, Daniel Gauthier, comptable, Richard Bouthillier, directeur technique, Robert Lagueux et Jean David au marketing, et Hélène Dufresne, qui avait été directrice de tournée en 1985. Normand Latourelle trouvait qu'il y avait trop de monde. Il voulait que Guy, Daniel et lui achètent les parts des autres, et qu'ils forment un triumvirat à égalité de parts pour fonder une nouvelle compagnie. Ce qui a été fait.

Des bouleversements se sont tramés peu à peu en coulisses. À l'été 1989, Latourelle a convaincu Daniel Gauthier de diriger le Cirque avec lui, et de faire de Guy Laliberté l'agent de développement. Afin de préparer ce qu'il appelait «l'après-Guy», il voulait ramener Guy Caron dans les parages et envisageait de lui redonner le poste de directeur artistique parce que, pour Latourelle, j'étais «l'homme de Guy Laliberté».

Pour trouver de nouveaux artistes pour le spectacle de 1990, je devais visiter des cirques européens avec Guy Laliberté. Normand Latourelle m'a donné une lettre – encore une histoire de lettre! – à remettre à Guy, que j'allais rejoindre à Copenhague. Avant de la lui donner, j'ai dit à Guy: «Laisse-moi te raconter ce que je sens. Caron est revenu dans les parages et Latourelle est devenu très intime avec ta secrétaire. Il sait donc ce qui se passe dans ta tête et il a des rencontres avec Daniel Gauthier. Il se trame quelque chose. Tu n'es pas là et tu fais trop confiance. Méfie-toi.»

Guy ne m'a pas cru. Il pensait que j'étais en plein délire paranoïaque. Il a lu la lettre dans sa chambre d'hôtel. Latourelle lui avait écrit exactement ce que je venais de lui dire. Il m'a tout de suite appelé:

«Comment ça, t'étais au courant?

— Guy, j'ai des oreilles pour entendre et des yeux pour voir.»

Il était hors de lui. Rentrés à Montréal, il est allé voir Gauthier et lui a dit: «Si tu penses vraiment que le futur du Cirque, c'est Latourelle, va avec lui. Rachetez-moi.»

Peu de temps après, Daniel Gauthier a rencontré Guy pour lui dire que, finalement, le futur du Cirque, c'était lui. Ils ont donc racheté les parts de Normand Latourelle et ils se sont associés chacun à 50 %.

NOUVELLE EXPÉRIENCE

La structure du Cirque avait beau connaître des remous, il me fallait préparer le nouveau spectacle. Je voulais, entre autres, un numéro de trapèze du Cirque de Moscou, une célèbre institution plus que centenaire. Guy Laliberté m'a dit qu'il fallait absolument que je voie le numéro qu'il y avait vu en 1988. Je suis allé en Russie et j'ai visité le studio où étaient créés les nouveaux numéros. J'ai vu pour la première fois celui de l'homme volant, ainsi qu'un numéro d'équilibre sur chaises très original. Mais comment les avoir chez nous? Pour obtenir certains numéros, il fallait parfois emprunter d'étranges détours, surtout avant la dissolution du bloc soviétique... En janvier 1990, je faisais partie du jury du Festival du Cirque de demain, à Paris, aux côtés, entre autres, de la directrice du Cirque de Moscou, Tatiana Ossuskaia. Elle y présentait un très beau numéro de jonglerie et nous en présentions un de jeunes contorsionnistes québécoises, que nous avions formées avec l'aide de l'École nationale de cirque. J'ai fait un pacte avec madame Ossuskaia: «Je vote pour votre numéro si vous votez pour le mien. De cette façon, les Chinois, qui remportent toujours le premier prix, ne le gagneront pas cette fois-ci. Qu'en pensez-vous ? »

Elle a accepté. Comme les pays de l'Est votaient toujours à cette époque avec les Russes, nous avons gagné le premier prix, et la directrice est devenue une alliée ! Le soir même, nous mangions ensemble. Nous quittions Paris tous les deux le lendemain et je lui ai dit que j'étais intéressé par deux numéros du Cirque de Moscou que j'avais vus lors de ma visite.

« Le problème, m'a-t-elle dit, c'est que j'ai une entente d'exclusivité avec un producteur américain pour présenter le Cirque de Moscou en Amérique du Nord.

— Soyez rassurée, je ne parlerai jamais du Cirque de Moscou. Officiellement, le Cirque du Soleil engagerait ces artistes individuellement et il ne mentionnerait jamais le Cirque de Moscou dans sa promotion.

— Je vais y penser. »

Très tôt le lendemain matin, on frappe à la porte de ma chambre d'hôtel. C'est l'assistante et interprète de madame Ossuskaia, qui me dit que celle-ci veut me voir tout de suite pour finaliser l'entente avec ses artistes. Je pensais la rencontrer dans une salle de réunion, mais c'est dans sa chambre que je la rencontre, moi, à peine réveillé, et elle, en robe de chambre. Elle m'offre une tasse de thé et me dit : « C'est maintenant ou jamais. » Je me suis débrouillé pour dénicher une machine à écrire à la réception de l'hôtel et, avec l'aide de l'interprète, nous avons concocté un contrat à toute vitesse, juste avant que madame la directrice ne prenne son avion. Deux mois avant la première de notre spectacle à Montréal, j'avais réussi à obtenir des artistes russes pour le Cirque du Soleil. J'étais fier de mon coup, et Guy en a été très heureux.

Guy et moi sommes également allés en Chine pour y faire du *casting*. En 1988, c'était la première fois que j'allais en Chine. Je me suis souvenu avec une émotion teintée de malaise qu'à l'école primaire, les sœurs nous faisaient acheter des photos d'enfants chinois. C'était une façon de financer leurs missions à l'étranger. Au fil des années, j'ai dû « acheter » une dizaine d'enfants chinois. À mon arrivée à Beijing, j'ai, comme tout Occidental qui débarque en Chine, été frappé par la sensation de dépaysement. Quand nous sommes sortis de l'aéroport, nous roulions à 60 kilomètres à l'heure sur l'autoroute. Il était interdit d'aller plus vite. Dans la ville, il n'y avait presque pas d'autos, car seules les grandes compagnies d'État avaient le droit d'en posséder. Quel contraste avec la Chine d'aujourd'hui !

S'il n'y avait presque pas de voitures, il y avait plus de bicyclettes que je n'en avais jamais vu. Les gens déménageaient leur maison sur leur vélo. J'avais l'impression d'être tombé sur une autre planète, c'était incroyable. Nous avons assisté au Festival de Shijiazhuang, une ville située à 300 kilomètres de Beijing. Il nous a fallu une journée complète pour nous y rendre en train ! Nous sommes également allés jusqu'à Wuqiao, où nos hôtes tenaient à nous amener parce que c'est le berceau de l'acrobatie chinoise, il y a 3 600 ans.

Impossible de faire affaire directement avec une troupe: nous devions négocier avec l'organisation gouvernementale Chinese Performing Art Agency (CPAA), qui agissait comme intermédiaire avec les troupes étrangères. CPAA organisait les tournées, en Chine ou à l'étranger, des orchestres et des troupes comme celles du Beijing Theatre ou de l'Opéra de Pékin. En fait, CPAA contrôlait toute l'industrie du spectacle chinois. Nous nous sommes liés d'amitié avec ces gens, par ailleurs fort aimables, et nous avons signé un protocole stipulant que nous devions passer par eux pour engager des artistes. CPAA se chargeait des négociations et prenait un pourcentage sur la transaction, le reste de l'argent allant à la direction de la troupe. C'était vraiment le modèle communiste. Nous devions assumer tous les frais de transport, de logement et de nourriture et verser un *per diem* à chaque artiste pendant la tournée.

J'ai vu d'excellents numéros que j'ai «achetés». J'ai dit aux gens de CPAA que je reviendrais en voir d'autres l'année d'après. Le mois de juin suivant a été marqué par le grand choc des événements de la place Tiananmen. Cela a chamboulé le déroulement prévu de mon voyage. Les artistes chinois qui travaillaient avec nous, pour la plupart des adolescents, voulaient retourner en Chine parce qu'ils étaient inquiets pour leurs familles. Mon interprète, lui, est parti sans nous avertir. Alors que les communications avec la Chine étaient très difficiles, j'ai réussi à parler aux gens de CPAA et je leur ai demandé deux choses : de me trouver un autre interprète et de m'assurer que les artistes qui allaient voir leurs familles entre deux villes de la tournée reviendraient honorer leur contrat. Finalement, CPAA m'a trouvé un autre interprète, et un nouveau *coach* qui arrivait de la ville d'où venaient les artistes, ce qui les a rassurés à propos de leurs familles.

J'ai pu aller en Chine à la fin août. Quand je suis arrivé à l'aéroport de Beijing, il faisait nuit et il y avait peu d'éclairage. Mon avion, presque vide, était le seul à se poser sur le tarmac.

Nous n'étions que trois passagers à descendre. Il y avait des soldats un peu partout. Le représentant de CPAA m'a accueilli en me disant : «Vous avez de la chance d'avoir obtenu votre visa avant les événements.» Je lui ai demandé si c'était sécuritaire, et il m'a assuré que ça l'était. Je voulais être à l'hôtel Beijing, là où avaient séjourné les journalistes qui couvraient Tiananmen. Je payais ma chambre, mais la réservation avait dû être faite par CPAA, sinon je ne l'aurais jamais obtenue. Je ne pouvais pas ouvrir les fenêtres, mais je voyais la place Tiananmen et la Cité interdite. Une fois à l'hôtel, la première chose que j'ai voulu faire a été de descendre dans la rue. Il n'y avait personne. Nous étions au mois d'août et tous les journalistes étrangers avaient quitté le pays. Les rues étaient plongées dans l'obscurité et il y avait des restrictions pour se déplacer. Je voulais aller place Tiananmen, mais c'était impossible. Même chose pour la Cité interdite. Je suis passé par l'arrière, à travers un quartier de hutongs, là où s'entrelacent d'étroites ruelles millénaires. Tout était désert. J'ai vu, au loin, quelques soldats qui me dévisageaient, mais sans s'approcher de moi. Je pensais être capable de me rendre jusqu'à la place Tiananmen par une autre porte, mais les soldats m'attendaient pour me barrer la route. Finalement, après d'interminables détours, j'ai pu entrer dans la Cité interdite, que j'ai traversée, complètement seul. J'avais l'impression de marcher dans un décor de cinéma. J'ai vraiment vécu un moment incroyable dans ce lieu mythique où, pendant des siècles, de puissants empereurs et leurs cours ont vécu. Plus tard, j'ai acheté une affiche avec la célèbre photo sur laquelle un frêle étudiant barre la route à des chars d'assaut sur le boulevard menant à Tiananmen. De retour chez moi, à Montréal, je l'ai affichée sur un mur de la maison pour que mes garçons la voient tous les jours, pour les inspirer et leur montrer l'impact que peut avoir une seule personne sur le cours des événements.

À partir de 1985, mes fils ont vécu avec moi pendant la période scolaire, après entente avec leur mère. Lorsque je suis devenu directeur artistique du Cirque, j'ai commencé à beaucoup voyager, et je les faisais souvent garder. Quand ils ont eu quatorze ou quinze ans, je leur ai dit : « Vous êtes capables de vous garder tout seuls. Je vous fais confiance. » Ils s'arrangeaient. Je les laissais vivre leurs vies d'adolescents, même si quelques fois ils dépassaient les bornes. Une fin de semaine, je suis rentré plus tôt de voyage et, bien entendu, le « *party* était pris » dans la maison. Il y avait une trentaine de jeunes et la maison sentait le *pot* à plein nez. J'ai conclu un marché avec mes fils : « Je ne vous empêcherai pas de fumer du *pot*, mais vous fumez dans la maison, pas dans la rue. Et que je n'en vois pas un de vous deux en vendre ! »

Lorsque ma fille Celia a eu seize ans, elle est venue vivre avec nous. Au fil des années, elle avait fait des séjours de quelques mois à Montréal, elle connaissait donc ses frères. C'était bien pour moi et pour les garçons. Adolescente, elle ne s'entendait plus avec sa mère, et je lui ai offert de venir terminer ses études à Montréal en vivant avec nous. Quand elle est descendue de l'avion, nous l'attendions tous les quatre dans l'aéroport en pyjama et robe de chambre parce qu'il était presque minuit. Elle a bien ri et elle s'est rendu compte dans quelle famille d'excentriques elle débarquait ! Nous avons vraiment appris à mieux nous connaître et nous avons passé de très bons moments ensemble. Avec quatre enfants sous mon toit et un travail très prenant, une organisation rigoureuse était nécessaire pour que notre grande famille monoparentale fonctionne au quotidien. Ce qui ne nous empêchait pas de prendre certaines libertés. Un Noël, nous sommes partis tous les cinq à pied chercher un sapin. Il neigeait, et nous chantions en marchant. Arrivés au marché, ce fut une discussion sans fin sur le choix du sapin. Pour régler le problème, j'ai dit à chacun des enfants de choisir son sapin. Nous avons installé cette belle petite forêt dans le salon. Il ne restait presque plus de place pour les meubles. Nous avons décoré les arbres avec des guirlandes de *popcorn* et de papier, et les garçons couchaient parfois entre les arbres comme s'ils étaient en camping. Ma relation était bonne avec mes fils, mais j'étais souvent absent. Leurs résultats scolaires étaient faibles et je sais aujourd'hui que mon manque d'encadrement a joué dans certaines difficultés qu'ils ont connues par la suite. J'ai négligé mes enfants au profit de mon travail et, aujourd'hui, je le regrette. Je m'en excuse auprès d'eux… J'ai eu la chance de réussir sans aller longtemps à l'école, mais ce n'est pas un exemple à suivre. Je pense que, parallèlement à l'apprentissage scolaire, l'école est aussi un lieu pour apprendre à se former comme individus au contact des autres. Aujourd'hui, mes fils seraient peut-être un peu plus forts si je les avais mieux encadrés. Je ne le sais pas et je ne le saurai jamais. Ils ont le père qu'ils ont. Comme me l'a dit un jour mon fils Olivier, sans aucune méchanceté : « Papa, on est tellement fiers que tu sois directeur artistique du Cirque, nos amis sont jaloux, mais ta *job* n'est pas compatible avec notre vie ! »

Bien des années plus tard, la vie m'a de nouveau surpris. En septembre 2015, j'ai reçu un message Facebook d'un certain Adam, qui me demandait si j'avais vécu à Vancouver au début des années 1970. Je lui ai répondu que j'y avais effectivement passé cinq ans. Il m'a alors annoncé que j'étais probablement son père. Quand j'ai vu sa photo sur son profil Facebook, il m'a été impossible d'ignorer sa ressemblance avec mes autres fils. J'étais sous le choc! J'ai eu plusieurs aventures amoureuses dans ma période hippie et, tout d'un coup, ce passé me rattrapait. J'ai dit à Adam que sa mère et moi avions passé quelques nuits ensemble. Nous n'avions pas vingt ans. Quand elle est tombée enceinte, elle a décidé de garder l'enfant. Ce n'est qu'à sa naissance qu'elle m'a retrouvé et m'a appris que j'étais le père d'un garçon prénommé Adam. Elle avait décidé de l'élever avec son amoureux, et elle m'a assuré que je n'avais pas à m'en préoccuper. Je suis passé par toutes sortes d'émotions, joie et culpabilité mêlées, mais finalement j'ai été soulagé de ne pas avoir à assumer une paternité que je n'avais pas voulue. Et voilà que les années avaient passé et que je me retrouvais face à ce « premier » fils nommé Adam!

Je l'ai rencontré à Vancouver. Nous avons passé un week-end à parler, à nous écouter et à nous découvrir un peu. C'est maintenant un homme dans la quarantaine, qui a deux enfants en garde partagée. Il gagne sa vie comme menuisier, mais il est surtout musicien et il joue du rock avec des amis. Je lui ai dit que j'étais heureux de le connaître, mais que je ne pouvais pas faire beaucoup plus pour lui. Il était adulte, et moi déjà un peu âgé, mais je souhaitais, s'il le désirait, qu'il connaisse sa famille et qu'il approfondisse son histoire avec elle.

J'ai invité Adam et ses enfants à passer le temps des fêtes avec Monique, mon épouse, et moi dans notre maison de San Pancho, au Mexique, où j'avais déjà prévu une réunion familiale. Ils ont ainsi pu rencontrer leur nouvelle famille. C'était tout un événement, très émotif pour tous... Mes cinq enfants ont beaucoup échangé pendant des jours et des nuits sur leurs rêves, leurs intérêts et leur vie en général. Ils se ressemblent physiquement, mais il est évident qu'ils ne viennent pas du même environnement familial… Adam a connu des périodes difficiles, ce qui a laissé une forte empreinte sur sa vision de la vie. Lui et moi n'avons pas beaucoup de choses en commun et, finalement, la génétique compte peu dans la formation d'une personnalité. Aujourd'hui, nous sommes toujours en contact; il veut continuer à mieux connaître ses frères et sa sœur. La vie lui a apporté un nouveau bagage et il a, maintenant, le choix d'en faire ce qu'il veut. De mon côté, cette rencontre a fermé une boucle qui était restée ouverte pendant toutes ces années.

LA CRÉATIVITÉ EN MARCHE

En 1985, quand Guy Caron est devenu directeur artistique du Cirque du Soleil, il est allé chercher Franco Dragone pour donner des ateliers de jeu aux artistes afin qu'ils aient une formation théâtrale de base. Franco vivait en Europe et faisait du théâtre engagé avec des non-acteurs. Il avait donc développé une expertise pour travailler avec des non-professionnels. En 1985 et en 1986, il a fait des interventions dans les spectacles du Cirque, avec Guy Caron à la direction, mais rien de plus. En 1987, il a assumé la pleine mise en scène de *Cirque réinventé*. Stimulé par sa collaboration avec Michel Crête, Franco a voulu mettre en place quelque chose de nouveau. Guy Caron avait recruté Michel pour concevoir les costumes, et Franco et lui ont travaillé très étroitement. La grande nouveauté de *Cirque réinventé* était les costumes de Michel et l'aspect commedia dell'arte dans la mise en scène de Franco. Ce fut un moment marquant dans l'évolution du Cirque, mais Guy Laliberté a été très dur dans ses commentaires sur le spectacle : « C'est quoi, cette affaire-là ? Ce n'est vraiment pas ce que je voulais. » Franco l'a pris comme un désaveu et il est retourné en Europe, se promettant de ne plus jamais travailler pour le Cirque du Soleil.

En 1989, lorsque j'ai remonté *Cirque réinventé*, une des critiques qui m'était restée en travers de la gorge était celle-ci : « C'est un bon *show*, avait écrit un journaliste, mais si vous l'avez vu l'an passé, ce n'est pas la peine d'y retourner parce qu'il n'y a pas grand-chose de nouveau. » J'avais dit à Guy que, pour moi, c'était la pire des critiques et qu'il fallait se renouveler. C'est là que j'ai appris que Franco ne souhaitait plus travailler avec le Cirque. À l'occasion d'un voyage de *casting* en Europe, Guy et moi avons rencontré Franco, et nous avons réussi à le convaincre de revenir travailler avec nous sur de nouvelles bases. C'est là que « l'âge d'or » du Cirque du Soleil a commencé.

Une des choses que j'avais dite à Franco, c'était que nous allions trouver une nouvelle façon de créer ensemble. Nous avons beaucoup échangé pour trouver comment faire un spectacle de cirque. Je lui avais dit, par exemple, qu'un trapéziste ne serait jamais un oiseau, mais que son envol pourrait l'évoquer. Nous nous sommes donc mis à la recherche de concepteurs pour former « une équipe de rêve ». Franco voulait retravailler avec Michel Crête, qui a accepté, mais s'il s'occupait seulement de la scénographie. Il ne voulait plus concevoir de costumes, comme il l'avait fait pour *Cirque réinventé*. Il nous a conseillé d'engager Dominique Lemieux comme conceptrice des costumes. « Elle dessine des personnages, nous a-t-il dit, pas seulement des costumes. » Luc Lafortune faisait les éclairages au Cirque depuis ses débuts et il s'est joint à notre équipe ainsi que la chorégraphe Debbie Brown, qui avait une manière bien à elle de faire bouger les acrobates. Sans oublier René Dupéré, qui composait la musique des spectacles du Cirque depuis 1984. Ces gens-là formaient notre noyau fort de créateurs. C'est avec eux que s'est développé le nouvel ADN créatif.

J'organisais des tables de création pour discuter du spectacle à venir, où nous débattions de nos préoccupations de tous les jours. Franco lançait une phrase, une thématique et chacun de nous devait chercher quelque chose de pertinent : un livre, une musique, une image, qui allaient former notre trésor commun. Franco et moi faisions un tri de toutes ces idées, essayant de dégager une tendance forte, une ligne directrice. À la fin des années 1980, l'écologie et l'environnement commençaient à être des sujets qui préoccupaient beaucoup les gens. C'est apparu dans notre « trésor commun ». Il y avait, par exemple, cette phrase d'un livre de James Lovelock qui disait : « Gaia, notre mère Terre, est un être vivant, et, si nous n'en prenons pas soin, elle pourrait nous rejeter comme un virus. » Le réchauffement de la planète était déjà un sujet préoccupant. Nous voulions intituler le spectacle *Gaia*, mais l'équipe de marketing nous a dit que ce n'était pas assez vendeur. C'était le début d'une longue série d'opinions divergentes, pour ne pas dire de confrontations, entre la création et la mise en marché.

Peu de temps auparavant, j'avais lu *Abécédaire de l'ambiguïté, de Z à A*, d'Albert Jacquard. La lettre Z était représentée par Zéphyrin Xirdal, le personnage principal de *La chasse au météore*, le dernier livre de Jules Verne, un récit inachevé et publié trois ans après sa mort. Zéphyrin est un scientifique qui invente une machine pour attirer des objets extraterrestres sur la Terre. Un météore en or massif traverse le cosmos et le frère de Zéphirin lui dit : « Nous le ferons atterrir sur un terrain que je possède au Groenland et nous serons riches. » Ce qu'ils font.

Mais tant de gens convoitent le météore que Zéphirin est dégoûté et le fait exploser. Franco adorait cette histoire. « Qu'est-il advenu de Zéphirin ensuite ? », a-t-il demandé. Nous avons donc émis des hypothèses à partir de cette question et, comme Jules Verne n'avait jamais fini son roman, elles étaient toutes possibles. « Un trésor est apparu dans chaque lieu où s'est déposée la poussière d'or du météore, nous a dit Franco. Ce trésor peut être un artiste ou une fleur qui aurait poussé là. Zéphyrin serait parti à travers le monde pour trouver les trésors de la nature créés par cette poussière d'or. Voilà ce que nous allons raconter. Gilles, tu es notre Zéphyrin. Va chercher des artistes et ramène-les. Ce sont eux qui raconteront notre histoire sur la beauté de notre planète et sa fragilité. »

Le spectacle *Nouvelle expérience* est né de cette façon. La musique de René Dupéré a été influencée par cette idée, et, bien sûr, les costumes de Dominique Lemieux et la scénographie de Michel Crête. Quand ce dernier a entendu l'histoire de Franco, il s'est dit que Zéphyrin était revenu et qu'il était arrivé à Montréal sur un bateau qu'il avait construit de ses mains. Notre chapiteau devenait ainsi une place où le public vient admirer les trésors de Zéphirin. Il a conçu une piste ronde, en bois, posée sur un monticule de terre comme si elle s'était échouée sur les rives du Saint-Laurent. Une sorte de grande voile était suspendue au-dessus de cet esquif et bougeait lors des enchaînements de numéros.

J'étais chargé de trouver nos « trésors », c'est-à-dire les artistes par lesquels l'histoire allait être racontée. Cela a donné lieu à toutes sortes de mésaventures, comme il en arrive souvent quand on fait du *casting* un peu partout sur la planète.

En premier lieu, j'ai travaillé avec l'École du cirque de Montréal pour monter un numéro de contorsionnistes avec de jeunes Québécoises très souples et douées pour l'équilibre. Ensuite, en Russie, j'ai trouvé le fameux homme volant qui, attaché à des courroies, volait comme un ange. J'avais raconté à Franco qu'il venait d'une mine de charbon au fin fond de la Russie et qu'il s'enroulait à de grandes chaînes pour descendre et remonter du fond de la mine. Franco a alors pensé que j'étais vraiment Zéphyrin Xirdal! En fait, j'ai trouvé ce magnifique artiste au studio expérimental du Cirque de Moscou. Il avait un corps de culturiste et de longs cheveux noirs. J'ai suggéré à Dominique Lemieux de lui dessiner seulement un petit slip, rien d'autre. J'étais sûr que les femmes – et quelques hommes! – allaient crier de joie quand il apparaîtrait sur la piste. Si nous avions fait la même chose avec une femme, nous aurions été traités de machos. Je voulais montrer qu'il ne s'agissait pas d'une exploitation du corps humain, mais bien de la célébration de sa beauté. Cet « homme volant » est devenu un numéro mythique du spectacle.

Pour d'autres numéros, le recrutement a ressemblé à un film d'espionnage. Par exemple, celui du trampoliniste Zdzislaw Pelka qui, alors qu'il participait à une compétition internationale aux États-Unis, s'est enfui comme l'avait fait bien avant lui Noureev ou Baryschnikov. Il est entré au Québec dans le coffre arrière d'une voiture. Il s'est présenté aux bureaux du Cirque avec David Lebel, un trampoliniste québécois. Nous l'avons aidé à régulariser son statut et nous lui avons offert du travail dans *Nouvelle expérience*. Aujourd'hui, il est dans *Mystère*, à Las Vegas. Il est avec le

Cirque du Soleil depuis plus de vingt-cinq ans. Quand je le rencontre, il me remercie toujours chaudement.

Chaque numéro était traité comme un cas unique, un trésor qu'il fallait dénicher là où il se trouvait, au coin de la rue ou au bout du monde. En Chine, j'ai découvert deux jeunes filles fantastiques qui jonglaient avec des parapluies en se servant de leurs pieds. Pour le personnage central, j'avais un clown bien précis en tête, David Shiner ; je me suis dit que c'était le moment ou jamais de le convaincre de venir travailler avec nous. Ce que j'ai réussi à faire en allant le rencontrer en Allemagne. Quand Franco a vu ce qu'il faisait, il m'a dit que nous avions enfin trouvé notre Zéphirin. David, c'était à la fois la pureté de l'enfance et un monsieur Tout-le-Monde, qui représentait chaque spectateur. Il pouvait jouer l'innocence de l'enfant dans un corps d'adulte.

Avec *Nouvelle expérience*, nous avons amorcé l'idée d'aborder une thématique pour chaque spectacle. Michel Crête a amené le thème central de ce qui allait devenir *Saltimbanco*. Il s'est demandé dans quelle sorte de villes ses enfants allaient grandir, et nous avons tous fouillé le thème de l'urbanité. Nous nous promenions à Montréal ou à New York. Nous observions les passants, les touristes, les sans-abris, nous regardions les vêtements des gens, leurs visages, leurs comportements. Ce métissage de cultures et ce côté baroque urbain ont influencé *Saltimbanco*. La courbe dramatique du spectacle commence avec la naissance d'un saltimbanque pur et innocent et, à la fin, avec le numéro de *bungee*, le saltimbanque devient un ange et s'envole vers l'éternité sur un grand air d'opéra.

En 1994, pour *Alegria*, la mondialisation émergente nous semblait être ce qui marquait le plus notre société. Après la chute du mur de Berlin, le rapport de forces entre l'Est et l'Ouest a évolué et notre approche au monde a changé. Pour symboliser cette réalité, nous avions deux pôles : la vieillesse et le pouvoir établi d'un côté, la jeunesse et le futur, de l'autre. Ces deux aspects étaient présents dans chaque composante du spectacle, y compris la musique, jouée par des synthétiseurs et de « vrais » instruments, comme le violon. Et, pour la première fois, des paroles en italien, en anglais et en espagnol remplaçaient le langage inventé que nous avions utilisé jusque-là. Ce qui a donné le thème musical d'*Alegria*, qui a connu un grand succès, porté par la voix forte de Francesca Gagnon.

Ce fut extraordinaire de travailler en étant à l'écoute de chacun, de créer à la fois un spectacle unique et d'inventer une nouvelle façon de créer. Chaque artiste, chaque costume, chaque élément de décor faisait partie d'un ensemble cohérent. Pour nous tous, ce fut réellement une « nouvelle expérience ». C'était vraiment de cette œuvre commune que se dégageait le travail spécifique de chacun. Dominique Lemieux montrait ses idées de costumes à Franco, et il pouvait lui dire : « Le pantalon est très bon, mais il y a peut-être quelque chose que tu devrais pousser plus loin. » Ensuite, il allait à l'atelier, il regardait l'artiste bouger dans son costume et, quand il « voyait » le personnage, il disait : « Ça y est, c'est ça. » Il donnait la direction, mais tout le monde collaborait. Franco ne passait pas de commandes, il cherchait ce qui était juste. Le processus était long, parfois insécurisant, parce que les décisions pouvaient se prendre à la dernière minute, mais cela donnait une œuvre forte, remplie de beauté et de pouvoir d'évocation.

Dans tous ces spectacles, je m'occupais du *casting*. Mon rôle particulier était de fournir la matière, ce que nous appelions le «squelette acrobatique». Je choisissais non pas des corps, mais des personnalités. Franco me disait:

«Il me faut des gueules pour porter mes personnages, pas seulement des artistes jeunes et beaux.

— Tu les veux comment, tes gueules?

— Tu le sais, Gilles. Je te fais confiance.»

Notre complicité était très grande. Nous mangions souvent ensemble et, au cours de ces repas, nous parlions beaucoup de création. Je partais donc avec une intuition. L'histoire s'écrivait sur scène, mais nous partagions tous cette intuition. Pour *Saltimbanco*, René Dupéré disait avoir traversé des quartiers de grandes villes, avec les fenêtres de son auto baissées et, dans sa tête, il enregistrait tout ce qu'il entendait. Ce qui lui a inspiré toutes sortes de musiques, qu'il nous a présentées en nous disant: «Écoutez et choisissez ce que vous voulez. Une ville, ce n'est pas une seule sorte de musique. C'est un métissage, donc la musique aussi sera métissée.» Son approche était tout à fait cohérente avec notre thème central de l'urbanité.

Notre manière de travailler pour ces huit spectacles avait déjà été expérimentée aux États-Unis. C'était du *device theatre*, une façon de travailler organique, où le spectacle se définit pendant qu'il est fabriqué. Nous partions d'une idée originale et nous bâtissions tout autour de cette idée. De 1988 à 1998, ce fut notre façon de créer, de *Nouvelle expérience* jusqu'à *La Nouba*, en passant par *Saltimbanco*, *Fascination*, *Mystère*, *Quidam*, *Ô* et *Alegria*. Après dix ans de collaboration intense, Franco est retourné dans sa Belgique natale, «l'équipe de rêve » s'est un peu dispersée, mais son empreinte est restée. Il y a quelques années, dans le cadre d'un dossier sur les trente ans du Cirque du Soleil, le magazine britannique a demandé à ses leceurs quel spectacle du Cirque les avait le plus marqués. Sept des spectacles de cette équipe étaient dans le *Top 10*. Aujourd'hui, Franco Dragone continue de faire de la mise en scène, mais, de son propre aveu, il n'a jamais retrouvé une telle équipe. Cette décennie a constitué les années d'or du Cirque du Soleil.

Après le départ de Franco, j'ai demandé à Guy Caron de faire la mise en scène du spectacle *Dralion*, où la majorité des artistes venaient d'une troupe d'acrobates chinois. C'était l'aboutissement de notre collaboration avec le CPAA. Par la suite, nous avons exploré de nouvelles avenues en invitant plusieurs metteurs en scène provenant d'univers différents : Dominic Champagne, Daniele Finzi Pasca, René-Richard Cyr, Robert Lepage et bien d'autres.

En 2009, Deborah Colker a été la première femme metteur en scène au Cirque avec *Ovo*. Brésilienne, elle dirigeait une troupe de danse contemporaine qui intégrait des appareils acrobatiques à ses spectacles. Elle avait donc déjà une sensibilité au monde du cirque. Nous cherchions quelqu'un pour un nouveau *show* sous chapiteau, et j'ai proposé Deborah à Guy Laliberté. Il a aimé l'idée, et je suis parti à Londres pour la rencontrer. Elle n'en revenait pas que je sois venu à Londres expressément pour voir une de ses mises en scène. Elle était ébahie que quelqu'un du Cirque du Soleil désire la rencontrer. Son spectacle avait effectivement un aspect acrobatique important. Je l'ai invitée à Montréal pour qu'elle vienne voir nos méthodes de travail et, si elle se sentait à l'aise, discuter d'une éventuelle collaboration. Elle est venue deux semaines plus tard. Elle a été séduite par le studio de répétitions, l'atelier de costumes et les possibilités qui lui étaient offertes. Elle voulait travailler avec son scénographe et son compositeur de musique. Nous avons accepté, mais nous lui avons fourni une équipe québécoise de concepteurs de costumes et d'éclairages. Guy avait rencontré le populaire entomologiste Georges Brossard, un grand collectionneur d'insectes, et il a suggéré la thématique du monde des insectes pour *Ovo*. Deborah était très enthousiaste. Nous avons commencé à travailler ensemble. Elle était très créative, et j'aimais sa façon de voir le spectacle. Je lui demandais : « Quelle est ton histoire ? Où veux-tu arriver ? Pourquoi tel élément est à telle place ? Comment développer tel personnage ? »

J'ai toujours adoré cet aspect du travail qui consiste à trouver l'équilibre entre l'évocation poétique et la clarté de l'histoire. Deborah et moi avions une très bonne entente, et elle a signé un beau spectacle, qui tourne encore aujourd'hui, quelque part dans le monde.

FASCINATION

EN 1989, LE CIRQUE A EU LA COMMANDE D'ORGANISER UNE tournée au Japon. Les Japonais avaient vu *Cirque réinventé* à Los Angeles. Ils avaient adoré le spectacle et voulaient le présenter chez eux, mais le temps qu'ils s'organisent et qu'ils bâtissent leur plan d'affaires, nous présentions *Nouvelle expérience* à New York. Quand j'ai rencontré Dan Yoshida, de la compagnie Fuji, il m'a dit qu'il avait beaucoup aimé *Nouvelle expérience*, mais qu'il préférait les couleurs et les costumes de *Cirque réinventé*. Nous leur avons donc concocté un mélange des deux spectacles intitulé *Fascination*, mais en version augmentée parce que nous devions jouer, pour la première fois, dans des arénas. Ce qui n'avait plus rien à voir avec le chapiteau. Il y avait des salles de 5 000 places, et d'autres de 12 000. Il nous fallait les artistes de *Nouvelle expérience*, mais en trouver beaucoup d'autres et les habiller des costumes de *Cirque réinventé* !

Quand le contrat avec les Japonais a été signé, nous avions des rencontres artistiques que nous appelions des GFG : Guy, Franco et Gilles. C'était des rencontres informelles entre nous trois au cours desquelles nous mangions et nous parlions du *show* en conception et des projets de l'année suivante. Le GFG existait même dans l'organigramme du Cirque, représenté par une petite boîte en pointillé, reliée à la présidence et à la direction artistique. À l'un de ces GFG, j'ai dit à Franco :

« On est en train de faire *Saltimbanco*. Qui va faire la mise en scène de *Fascination* ? (Franco et Guy se sont mis à rire.)

— C'est toi.

— Ben voyons donc, ça n'a pas d'allure ! Il faut que je sois ici avec toi, à la direction de création.

— La direction de création est faite, a dit Guy. Franco va monter le show et tu t'occuperas de *Fascination*.

— Vous êtes drôles... C'est un gros *show*, cette affaire-là, au moins 70 artistes, des nouveaux numéros et une nouvelle scénographie pour les arénas.

— C'est vrai, mais on va t'appuyer. Ça va aller, tu vas voir, tu es capable ! »

Finalement, j'ai relevé le défi, j'ai osé et j'ai signé ma première mise en scène au Cirque du Soleil. C'était de l'ampleur d'un opéra ! J'ai prouvé, aux autres et à moi-même, que j'étais capable de le faire et j'y ai pris beaucoup de plaisir.

La plupart des 40 artistes de *Nouvelle expérience* ont signé pour la tournée au Japon. Pour *Fascination*, il m'en fallait 70. J'ai monté un numéro avec deux planches coréennes et 20 acrobates. Les Japonais voulaient avoir de jolies filles sur scène. C'est vrai qu'il y avait beaucoup d'hommes dans *Cirque réinventé*... Je suis donc allé en Bulgarie, et j'ai engagé six championnes de gymnastique rythmique. Il y avait déjà quatre contorsionnistes dans le groupe original de *Nouvelle expérience* et j'en ai ajouté deux. J'ai engagé 20 artistes chinois pour un numéro d'équilibre sur chaises et un autre de bicyclette acrobatique, deux de leurs spécialités. Pour le numéro de trapèze volant, j'ai ajouté trois personnes. Pour le charivari final, nous avons fait un immense kaléidoscope de couleurs. Toute la troupe exécutait des figures de colonnes et des équilibres dans des costumes multicolores de *Cirque réinventé*. C'était impressionnant de voir la scène remplie à craquer.

Il a fallu trouver à Montréal un lieu suffisamment grand pour répéter ce gros *show*. Nous avons recyclé les entrepôts de chemin de fer Angus, là où, des années plus tard, seront répétés la plupart des *shows* de chapiteau. C'était sale et sombre, mais c'était le seul endroit suffisamment haut et large pour répéter les grands numéros acrobatiques. Je n'avais jamais imaginé mettre en scène un groupe d'artistes aussi important. Nous avons installé un semblant de décor parce qu'on ne pouvait utiliser le vrai qu'à Tokyo. Michel Crête a créé un grand plateau en forme de *frisbee* géant avec une arche d'entrée qui se transformait en pont-levis. Au printemps 1992, nous sommes arrivés avec tout notre matériel au stade Yoyogi de Tokyo, qui compte 12 000 places. Quel choc de découvrir le Japon ! C'était comme arriver sur une autre planète. L'ordre qui y règne, le respect et la gentillesse des gens, la beauté des cerisiers en fleurs m'ont complètement subjugué. Quel bonheur de faire ce métier ! Nous n'avons eu qu'une semaine de répétitions dans le stade pour roder l'équipe de techniciens japonais. La scène occupait le tiers du parterre et les coulisses, le quart des sièges. J'étais heureux d'avoir augmenté le casting à 70 artistes parce que, du haut des gradins, les jeunes contorsionnistes semblaient vraiment minuscules.

Le spectacle a connu un bon succès, mais la réaction du public nous a surpris. Les Japonais sont très polis et pas très exubérants dans leurs applaudissements. Nous nous sommes habitués à cet accueil réservé et nous avons joué dans 13 villes. Ce qui a ouvert un nouveau marché pour le Cirque du Soleil.

MYSTÈRE

APRÈS LE SUCCÈS DE *CIRQUE RÉINVENTÉ*, DE 1987 À 1989, EN Californie, il y avait beaucoup d'effervescence autour du Cirque du Soleil et, quand le chapiteau était à Los Angeles, nous étions vraiment le *talk of the town*. Les patrons du Caesar's Palace de Las Vegas sont venus voir le *show* et ils ont approché le Cirque pour présenter *Cirque réinventé* à Las Vegas. Guy les a rencontrés et leur a dit que ce spectacle avait été conçu et planifié pour être joué sous un chapiteau et en tournée, mais que, s'ils le voulaient, nous pourrions en concevoir un nouveau pour leur casino. Ils étaient d'accord. Guy, Michel Crête, Franco et moi sommes allés à Las Vegas. À l'époque, la ville était encore la capitale du jeu. Je n'étais pas fou à l'idée d'y présenter l'un de nos spectacles, mais Guy pensait que c'était une occasion à saisir. Le Caesar's Palace avait un aréna derrière son casino, où avaient lieu des matchs de boxe quelques fois par année. Notre spectacle pourrait y être présenté et nos décors déplacés quand il y aurait de la boxe. Ce n'était pas une logistique évidente, mais c'était faisable.

Pour nous inspirer, Guy nous a amenés au spectacle de Siegfried & Roy, présenté au Mirage, un nouveau casino conçu par Steve Wynn, dont tout le monde parlait. C'était le nouveau spectacle sur la Strip et nous n'entendions que des éloges au sujet des deux magiciens. Dans la première partie du spectacle, il y avait une nouvelle façon de faire de la magie avec des effets théâtraux très réussis. Ensuite, pendant que Siegfried et Roy se changeaient en coulisses, un petit film était projeté sur un écran rétractable où on les voyait se baigner dans leur piscine avec leurs tigres. Puis, ils revenaient sur scène et faisaient des numéros classiques avec plus de tigres et des éléphants, et on oubliait complètement la première partie. Nous avons pensé qu'ils avaient peut-être manqué d'argent ou qu'ils n'avaient plus d'idées. Nous faisions des blagues : « Guy, c'est facile. Si on fait le *show* du Cirque, on montre un film où on te voit te baigner avec tes enfants dans ta piscine, et la moitié du *show* est faite ! »

Nous étions convaincus que nous pouvions faire mieux que ça. Avec Franco, nous avons développé un concept qui tournait autour des mythologies grecque et romaine, et nous l'avons présenté à l'équipe du Caesar's Palace, en janvier 1990. À cette époque, Guy ne parlait pas très bien l'anglais et Franco, pas du tout ! C'est donc moi qui ai fait le *pitch*, lors d'une présentation très visuelle. J'ai expliqué aux gens du Caesar's qu'il y aurait plusieurs numéros acrobatiques, mais dans un environnement plus théâtral que ce que nous faisions actuellement sous le chapiteau et que les performances seraient intégrées dans un récit dramatique. Leur réaction a été assez tiède. Ils trouvaient le projet risqué. Je pense qu'ils ne pouvaient pas visualiser ce que je décrivais parce que ce n'était pas ce qu'ils avaient vu à Los Angeles. Finalement, ils ont payé nos frais de développement créatif et nous sommes repartis avec nos dessins sous le bras.

Steve Wynn avait entendu dire que le Caesar's Palace n'avait pas donné suite à notre proposition. Il est venu voir *Nouvelle expérience* à Toronto avec sa famille. En fait, il n'a vu que la première partie du show parce qu'à l'entracte, il faisait déjà une offre. Il a rencontré Guy, Daniel et moi et nous a dit qu'il voulait présenter *Nouvelle expérience* à Las Vegas. Il était prêt à installer un chapiteau derrière le Mirage. Guy lui a dit que nous ne pouvions pas le faire tout de suite parce que nous amorcions une tournée qui allait nous mener jusqu'au Japon, mais qu'il était intéressé par son offre si c'était un *show* permanent, dans un théâtre. L'idée était audacieuse et elle a plu à Steve Wynn. Il nous a donc proposé de jouer sous un chapiteau, en arrière du Mirage, en attendant que son nouveau casino, le Treasure Island, soit construit avec un théâtre conçu pour nos besoins. À cette époque, Las Vegas était en train de s'orienter vers une clientèle plus familiale, principalement sous l'influence de Wynn, avec l'ouverture du Mirage et la présentation du spectacle de Siegfried & Roy, plus familial que les *shows* traditionnels de Las Vegas. Présenter le Cirque du Soleil faisait partie de sa stratégie globale, même si, à la fin des années 1990, Las Vegas allait renouer avec son ancienne réputation sulfureuse en adoptant le célèbre slogan : « *What happens in Vegas stays in Vegas.* » Nous étions très loin de la famille ! Le seul aspect à avoir changé, c'était le fait que les casinos n'étaient plus contrôlés par la mafia.

Steve Wynn voulait tellement nous avoir qu'il a accepté une clause au contrat qui nous donnait le contrôle artistique sur le spectacle à venir. Guy a toujours fait en sorte que le Cirque du Soleil conserve le contrôle artistique. Cette clause nous sera très utile quelque temps plus tard, lors de la production de *Mystère*. La pression des partenaires a parfois été lourde, mais, comme créateurs, nous nous sentions protégés et nous pouvions créer et changer les règles s'il le fallait. Nous avions cette marge de manœuvre nécessaire à la création d'une œuvre originale. Cet espace nous a toujours été donné par Guy Laliberté, qui nous faisait confiance.

Nouvelle expérience a donc joué pendant près d'un an dans un chapiteau blanc climatisé, relié au Mirage par des tunnels. Le spectacle marchait bien, mais nous étions en deuxième position après Siegfried & Roy. La salle était remplie à 50 ou 60 % de sa capacité. Ce qui était normal pour Las Vegas, mais inhabituel pour nous. Nous connaissions de plus grands succès. Lorsque le spectacle de magie faisait relâche, nous vendions plus de billets. Ce qui nous a encouragés pour le futur.

La production de *Mystère* s'est faite en 1992, tout de suite après le début de *Saltimbanco* à Montréal, et pendant que *Fascination* tournait au Japon. Nos équipes de production n'arrêtaient pas. Ce fut très intense comme période. Je surveillais *Fascination* de loin, mais l'essentiel de mon travail était terminé, et je parcourais la planète afin de trouver des artistes pour notre première production « fixe » dans un théâtre. Pour découvrir ces petits joyaux, un responsable de *casting* se rend généralement dans des festivals de par le monde. Construire de toutes pièces un numéro d'équilibre ou de jonglerie peut prendre des années. En dehors de la technique, l'artiste doit développer sa personnalité et trouver la façon de se démarquer. Par ailleurs, le Cirque développait des numéros maison avec ses acrobates, ses athlètes, ses artistes. Nous prenions leur technique de base – le saut, l'équilibre, etc. – et, avec l'aide des entraîneurs, un numéro était bâti. Pour *Mystère*, nous avons mis sur pied un studio d'entraînement et de création. Nous avons recyclé des entrepôts des usines Angus et y avons installé des gymnases pour monter des numéros acrobatiques et des ateliers de costumes et de décors. Pas moins de 200 personnes y travaillaient et les bureaux du *casting*, de la production et de la direction artistique s'y trouvaient. C'était tout nouveau pour nous parce que, jusque-là, la majorité des employés du Cirque était en tournée. La croissance que nous vivions demandait cependant des lieux plus fixes pour concevoir ces nouvelles productions.

À Las Vegas, il fallait, chaque jour, présenter deux spectacles de quatre-vingt-dix minutes sans entracte, dix fois par semaine. Il fallait donc beaucoup plus d'artistes pour tenir ce rythme. Je l'avais déjà fait pour *Fascination*, au Japon, où 70 artistes étaient réunis. Nous savions comment gérer une telle équipe. Il nous fallait des numéros solos, mais aussi de groupe. J'ai monté un numéro de mâts chinois en groupe. Comme nous n'en avions jamais fait, des spécialistes chinois nous ont enseigné la technique. Ensuite, j'ai choisi de monter un numéro de planche coréenne. J'en avais vu un en Europe, mais les Coréens du Nord ne pouvaient pas sortir de leur pays et jouer chez nous. Au Cirque, nous pratiquions déjà un peu cette discipline, mais pas comme les Coréens. J'ai envoyé André Saint-Jean, un de nos planchistes, dans un festival en Corée pour filmer des répétitions, prendre des photos et des mesures du type de planche utilisé. C'était vraiment de l'espionnage circassien! Il est revenu avec une petite vidéo et les dimensions de la planche, tout ce qu'il fallait pour la reproduire, ainsi que la technique pour l'utiliser. J'ai engagé une quinzaine de trampolinistes qui ont appris à faire de la planche coréenne et un premier numéro a été créé pour *Mystère*.

Nous voulions aussi un grand numéro de trapèze volant. Ceci nécessitait un lieu en hauteur pour le monter, mais il n'en existait pas à Montréal. Nous avons donc loué le vieux Cirque de Moscou pour développer un numéro avec des acrobates russes. Même si la Russie venait d'ouvrir ses portes et que nous avions déjà quelques athlètes russes dans *Nouvelle expérience*, ce fut une vraie saga parce qu'il y avait beaucoup de réticence de la part des familles de cirque russes traditionnelles. Grâce à Misha Sedov, le gérant du Cirque de Moscou, nous avons pu développer une relation privilégiée avec les Russes. La grande tradition du cirque russe se dégradait et, selon lui, pour se renouveler, celle-ci devait développer des partenariats avec des cirques «nouveaux genres» plutôt que de toujours refaire des spectacles traditionnels avec des animaux.

Andrew Watson, un trapéziste qui avait fait partie de *Cirque réinventé*, chapeautait pour moi ce projet. Il avait recruté de jeunes athlètes russes qui apprenaient à voler pour la première fois. Certains anciens artistes du cirque russe nous mettaient des bâtons dans les roues parce qu'ils voyaient des jeunes leur «voler leur *job*». Ce qui créait une atmosphère tendue et peu favorable à la création. Je me suis rendu quelques fois à Moscou pour vérifier l'avancement du travail et décrire à ces jeunes la conception du spectacle que nous étions en train de créer pour Vegas. La dernière fois que j'y suis allé, j'ai appris, en arrivant à l'aéroport que, le matin même, Misha s'était fait descendre dans l'entrée de son appartement par des tireurs inconnus. Nous soupçonnions des gens du milieu du cirque russe, mais nous n'avons, bien sûr, jamais pu le prouver. Celui que l'on surnommait «l'ours» parce qu'il était grand, fort et d'une extrême gentillesse, était en quelque sorte mort au combat. On m'a ramené à l'hôtel et on m'a dit de ne pas en sortir. Personne ne savait ce qui se tramait. Dans l'urgence, je me suis organisé avec l'ambassade canadienne pour obtenir des visas pour les jeunes Russes et, une semaine plus tard, nos 12 artistes ainsi que nos équipements de trapèze s'envolaient pour Montréal. Nous avons attendu qu'ils obtiennent leurs visas de travail pour les États-Unis et, une fois arrivés à Las Vegas, ils ont pu s'entraîner sous notre chapiteau, derrière le Mirage, avec les trapézistes de *Nouvelle expérience*.

Pendant ce temps, nous recrutions toutes sortes d'acrobates grâce, entre autres, à Lyn Heward, qui venait de rejoindre mon équipe de *casting*. Elle venait du monde olympique canadien et connaissait beaucoup d'athlètes qui avaient terminé leur «carrière» olympique et voulaient utiliser leurs compétences à d'autres fins. Lyn nous a été d'une aide inestimable pour le *casting* de *Mystère*, et nous nous sommes retrouvés avec des acrobates de haut calibre qui venaient d'Angleterre, d'Europe de l'Est et du Canada. Nous avions une troupe maison très forte. Pour la première fois, nous avons intégré des danseurs au spectacle. Nous étions à Las Vegas, alors il nous fallait bien un peu de danse!

Les entraîneurs nous ont fait découvrir un nouvel appareil, le *fast track*. C'est un trampoline bas de 40 pieds de long, comme un long trottoir rebondissant, et sur lequel les athlètes s'exercent à faire des enchaînements, des vrilles ou des sauts périlleux. S'entraîner au sol abîme très vite les poignets et les chevilles, mais, sur le *fast track*, c'était plus souple. Lyn m'a suggéré de l'utiliser dans *Mystère*. Les artistes s'amusaient beaucoup avec cet appareil. L'un des meilleurs s'appelait Stéphane Drouard. Au départ, il n'était pas trampoliniste, mais il était un surdoué du mouvement. Annie Fratellini, une légende du cirque français, l'avait recruté tout jeune quand il traînait dans la rue. Elle l'avait formé et il était devenu un acrobate exceptionnel. Quand je l'ai engagé pour *Mystère*, il faisait du fil de fer, du trapèze et de la planche sautoir. Je l'ai toujours appelé «le chat». Il dansait très bien et il avait une incroyable orientation spatiale. Il savait toujours où il était dans les airs, ce qui est un don rare. Il est même devenu une référence. Pendant des années, nous avons dit: «Dans ce show, il nous faut au moins un Drouard!» Par contre, Stéphane avait un caractère difficile. Il considérait qu'il était le meilleur au monde et que les autres n'étaient pas à son niveau. C'était tout un ego à gérer! Il détruisait l'esprit d'équipe et il était dangereux parce qu'il pouvait pousser les autres au-delà de leurs limites. Tous les artistes étaient sur les nerfs quand ils étaient sur scène avec lui. Certains m'ont dit qu'ils partiraient si Stéphane restait. Alors, même si c'était un grand artiste, j'ai été obligé de le remercier.

Drouard n'était pas le seul à avoir du talent sur le trampoline. Nous avions les meilleurs dans le domaine, des Canadiens, des Américains, des Polonais, des Français. L'autre trampoliniste le plus doué s'appelait Daniel Cola. Il avait été champion du monde. C'est lui qui a eu l'idée de faire le *wing to wing*, c'est-à-dire trois trampolines placés de façon à ce que le trampoliniste puisse rebondir comme sur deux murs inclinés. Quand il me l'a montré, j'ai été impressionné par le potentiel d'un tel numéro, et je lui ai dit de poursuivre cette idée. Après un mois, les artistes faisaient des choses incroyables. C'était très spectaculaire et tout à fait inédit.

Un numéro de cirque, c'est comme une recette de cuisine, il n'y a pas vraiment de copyright. Au début, c'est tacitement protégé, mais, après, tout le monde se sert. Un bon exemple, c'est la roue Cyr, créée par Daniel Cyr, un Madelinot que j'ai engagé comme porteur pour *Fascination*, et qui est l'un des fondateurs du Cirque Éloize. Daniel a beaucoup d'imagination et d'inventivité. Un jour, il a vu une photo de la célèbre Isadora Duncan qui dansait en utilisant un grand anneau suspendu. Il a repris l'idée, mais s'est servi du grand anneau pour rouler comme à l'intérieur d'une roue. Il a baptisé son idée : « la roue Cyr ». Éloize a été le premier cirque à l'utiliser. Le Cirque du Soleil faisait déjà de la roue allemande, avec deux anneaux soudés par des barreaux, mais je voulais une roue Cyr. Daniel m'a dit : « D'accord, mais c'est moi qui enseigne à tes artistes à s'en servir et tu me payes des droits d'auteur chaque fois que tu l'utilises. »

Nous avons étrenné la roue Cyr dans *Corteo*, et Daniel a touché des droits tant que ce spectacle a joué quelque part sur la planète. Après, tout le monde s'est mis à copier la roue Cyr et plus personne ne lui a payé de droits. J'ai vu plusieurs fois ce numéro en Europe et au Mexique. Quand je posais des questions, on me répondait qu'il suffisait de regarder la vidéo de *Corteo* et de s'en fabriquer une. Comme pour une recette de cuisine !

L'accouchement de *Mystère* a été difficile, car c'était la première fois que nous nous installions dans un théâtre. Quand nous sommes entrés au Treasure Island, le casino n'était pas fini et le théâtre non plus. Dans le contrat, un théâtre «sans poussière» devait nous être remis. Ce qui n'a vraiment pas été le cas : il y avait de la poussière partout et, en répétition, les ouvriers faisaient encore de la soudure au plafond. À Las Vegas, l'expression «*dust free*» voulait dire que tu pouvais en avoir gratuitement autant que tu en voulais! Nous avons connu de nombreux problèmes, entre autres avec l'électricité et les ordinateurs, qui sautaient tout le temps. L'adaptation a été difficile. Nos techniciens, qui avaient une expérience de chapiteau, ont dû apprendre comment installer notre matériel de façon permanente. Par exemple, certains éléments étaient accrochés avec des cordages, comme ça se fait dans un chapiteau. C'était sécuritaire, mais instable. Je suis allé voir le chef *rigger*, le chef machiniste, qui prenait son travail très à cœur, et je lui ai dit :

«On a un contrat de cinq ans, alors pourquoi ne pas attacher le trapèze de façon plus permanente? On n'est plus sous un chapiteau.

— Ah non! un trapèze, il faut que ça respire!» m'a-t-il répondu.

Quand nous avons fait le premier enchaînement du spectacle, c'était vraiment boiteux. Michel Crête avait conçu un décor qui, pour la première fois, bougeait avec de l'automation. À l'époque, ce procédé utilisé dans les grands théâtres était assez simple. Il existait des plateformes qui fonctionnaient avec des ordinateurs, mais c'était relativement récent. Dans *Mystère*, c'était plus complexe, et le programme informatique, très fragile, plantait souvent. Au point que Michel avait baptisé le côté cour de la scène Charybde, et le côté jardin, Scylla. Nous allions, en effet, de mal en pis! Quand nous répétions, les systèmes électriques sautaient souvent et les ordinateurs des musiciens s'éteignaient. Nous n'avions aucun contrôle et nous ne comprenions pas ce qu'il se passait. Quelqu'un nous a dit que c'était à cause de Sparky, le fantôme d'un électricien, mort pendant la construction du théâtre. Un soir, je me suis promené dans les cintres pour voir si je ne sentirais pas sa présence. Je n'ai jamais eu peur des esprits. J'ai causé avec le fantôme. Je lui ai dit que nous avions un *show* à livrer et je lui ai demandé qu'il nous laisse en paix. J'ai même accroché un pendentif bouddhiste sur une poutre de métal. Les problèmes ne se sont pas arrangés par miracle : nous avons fini par trouver des solutions. Je me suis dit que l'esprit de Sparky était peut-être devenu plus positif puisque tout s'est doucement replacé.

En attendant, tous ces problèmes techniques prenaient énormément de temps. Franco s'énervait et tout le monde était tendu. Mais la production avançait et nous sentions que nous avions quelque chose de vraiment nouveau entre les mains. Nous avions adapté le concept présenté au Caesar's Palace. C'était devenu une histoire évocatrice de la vie humaine, en partant d'un nouveau-né qui découvre le monde et les personnages qui l'accompagnent au fil de sa route. Nous voulions que tous les éléments du spectacle – numéros de cirque, interludes, musique, narration – soient vraiment bien intégrés les uns aux autres. En cours de création, nous avons vérifié la lecture dramaturgique du spectacle et tout fait pour éviter les belles idées gratuites. Une idée pouvait être « payante », mais il fallait qu'elle ait un sens. Par exemple, il a fallu que nous trouvions une façon d'annoncer la marionnette du gigantesque escargot qui sort des profondeurs du sous-sol à la fin du spectacle.

Cet escargot, prénommé Alice, symbolisait la fertilité et la régénérescence. Aussi beau fût-il, il ne pouvait pas surgir comme un cheveu sur la soupe. Nous avons donc décidé qu'il ferait de brèves apparitions un peu mystérieuses entre des numéros du spectacle afin de créer une attente de la part du public.

Steve Wynn envoyait parfois des gens de son équipe voir comment avançait le spectacle. Peu de temps avant Noël, Mark Shore, son bras droit, a assisté aux répétitions. Nous étions un peu inquiets parce que nous ne savions pas quel genre de rapport il allait faire à son patron. Nous souhaitions bientôt inviter du public pour avoir de vraies réactions.

Le lendemain, Steve Wynn arrive au théâtre et demande à voir le spectacle. Franco et Guy me demandent de m'asseoir à côté de lui pour l'accompagner et répondre à ses questions, s'il en avait. Et il en a eu! «Qu'est-ce que c'est que ça? C'est trop sombre, je ne vois rien! Qu'est-ce que je suis censé voir? C'est quoi, cette musique? C'est beaucoup trop dramatique!»

J'essayais tant bien que mal de lui décrire ce qu'il ne pouvait pas voir à cause de la faiblesse de sa vue, mais, pour le reste, je ne pouvais rien dire. Après la représentation, nous avons eu une réunion, et Steve Wynn a explosé: «C'est un putain d'opéra! Je vous ai donné tout cet argent pour faire ça? Les gens vont haïr ça! C'est du Wagner!»

La réunion se déroulait dans les bureaux de production. Les artistes entendaient les cris et savaient qu'il se passait quelque chose d'anormal. Finalement, quand Steve Wynn s'est calmé, Franco lui a dit:

«Je suis très honoré que vous compariez notre travail à un opéra, mais, pour nous, c'est un spectacle de cirque, avec une dramaturgie qui propose des images fortes. Oui, il y a des musiques trop lourdes, il y a des moments trop lents, mais on est en plein travail. Laissez-nous terminer. Chaque jour, on découvre un peu plus ce qui est juste.

— Non, je n'aime pas ça. Vous devez tout changer.»

C'est là que Guy lui a rappelé, poliment mais fermement, que notre contrat stipulait que nous avions le contrôle artistique. Steve Wynn s'est tourné vers son assistant, Bobby Baldwin, et lui a demandé de quoi Guy parlait. Bobby lui a confirmé que c'était bien vrai, qu'il lui avait spécifiquement souligné ce point lors de la signature du contrat, et qu'il avait dit que les gens du Cirque savaient ce qu'ils faisaient. «Eh bien, je n'en suis pas si sûr puisqu'il faut que je leur dise quoi faire!», a lancé Steve Wynn.

Guy lui a proposé de faire trois représentations pour ses employés en leur précisant bien qu'il s'agissait d'un essai. À court d'arguments, il a accepté. Nous avons fait les trois *shows* devant des salles de 700 à 800 personnes et, à chaque représentation, le spectacle s'améliorait. Nous avons fait des répétitions générales avec public trois à quatre fois par semaine et les réactions ont été très positives. Les gens de Vegas, habitués de voir des spectacles, nous disaient qu'ils n'en avaient jamais vu comme celui-ci. Jouer devant le public est une partie capitale du processus de création au Cirque. C'est ainsi que le rythme du spectacle s'établit.

Finalement, le *show* a commencé le 25 décembre 1993, et ce fut tout de suite un gros succès. Steve Wynn, lui, n'aimait pas le numéro de jonglerie, et il voulait qu'on le supprime. Guy a concédé que le numéro était un peu lent. Il a dit à Wynn que nous allions le retravailler. Deux mois plus tard, Steve Wynn constate que le numéro est toujours dans le spectacle. Guy lui répète que nous gardons le contrôle artistique, que nous avons un contrat avec l'artiste et que nous entendons le respecter. Wynn était hors de lui, mais il ne pouvait rien faire. Six mois plus tard, il est venu nous rencontrer pour discuter d'un nouveau show au Belllagio, un casino qu'il voulait construire. La rencontre s'est tenue entre Guy, Steve Wynn, son adjoint Bobby et moi.

« Guy, qu'allez-vous faire avec le numéro de jonglerie de *Mystère* que je n'aime pas ? a demandé Steve Wynn.

— On l'a resserré. Le public l'aime, donc on le garde. Dans un an, quand le contrat avec les artistes arrivera à expiration, on pourra envisager de le changer.

— Bon, eh bien, je n'ai rien d'autre à dire, et je n'ai plus rien à faire ici. »

Wynn s'est levé, il a boutonné sa veste et a quitté la pièce. Bobby Baldwin l'a suivi. Il est ensuite revenu pour nous dire :

« Écoutez, les gars, Steve est prêt à mettre cent millions sur un nouveau spectacle dans un nouveau casino, et vous lui dites non pour changer ce numéro de jonglerie.

— C'est une question de principe, a répondu Guy. On a le contrôle artistique ou on ne l'a pas. On ne cédera jamais là-dessus.

— Vous devriez y penser parce que Steve veut vraiment un nouveau spectacle.

— On aimerait beaucoup monter un nouveau spectacle pour vous, mais, des *shows*, on peut en faire n'importe où. Il ne peut pas avoir le contrôle artistique et nous ne supprimerons pas le numéro dans *Mystère*. »

La rencontre s'est terminée là, chacun sur ses positions. Nous pensions que le bras de fer était fini, mais, quelques mois plus tard, Steve Wynn est revenu à la charge. Il nous a dit qu'il voulait construire le plus grand casino de Vegas et qu'il voulait un nouveau spectacle. Le projet nous allumait vraiment et, après bien des discussions, après avoir dit à Wynn que nous écouterions attentivement ses suggestions, il a accepté que nous gardions le contrôle artistique, même sur le nouveau spectacle. Quand le contrat a été signé, celui des jongleurs de *Mystère* tirait à sa fin et nous avons changé leur numéro !

Mystère a été le premier spectacle permanent du Cirque du Soleil. Certains artistes n'aimaient pas beaucoup faire de la tournée. La chanteuse Nathalie Gauvin, par exemple, est restée sur *Mystère* pendant douze ans. Pour d'autres, ce n'était pas évident parce qu'ils préféraient être sur la route en permanence. Ils s'ennuyaient à Las Vegas et, pour combattre l'ennui, certains d'entre eux faisaient des bêtises ou bien devenaient accros au jeu. C'était une nouvelle réalité avec laquelle nous avons dû composer. Comme Steve Wynn pouvait « tirer la plogue » après vingt-quatre mois, les artistes avaient des contrats renouvelables tous les deux ans. En cas d'échec du spectacle, ils recevraient une compensation, en général un pourcentage de leur cachet. C'était des contrats assez compliqués à négocier, mais de plus en plus d'artistes voulaient faire partie de nos spectacles permanents. La stabilité inhérente à un spectacle permanent a été une planche de salut pour beaucoup d'athlètes. Pour des sportifs olympiques médaillés, comme le gymnaste britannique Terry Bartlett ou le champion québécois Philippe Chartrand, *Mystère* est devenu leur port d'attache. Cela leur a permis d'avoir une vie professionnelle après leur carrière sportive. Ceux et celles qui voulaient fonder une famille ou qui avaient déjà des enfants étaient ravis de cette permanence. Ils pouvaient envoyer leurs enfants à l'école à Vegas. Les plus stables ont certainement été les musiciens. Il y a quelques années, un des musiciens de *Mystère* est venu me voir et m'a dit: «Gilles, je veux te remercier. Grâce à toi, j'ai pu envoyer mon fils à l'université. Je n'aurais jamais eu les moyens de le faire en restant musicien de studio à Montréal.»

Ce musicien, Bruce Rickerd, est guitariste sur *Mystère* depuis le début du *show*. En 2014, il est devenu le musicien qui a joué dans le plus grand nombre de spectacles à Vegas, avec 10 000 représentations!

ALEGRIA ET QUIDAM

Nous sommes sortis de *Mystère* un peu abîmés parce que nous nous étions trop battus. Le théâtre qui n'était pas fini, les problèmes techniques, les confrontations avec Steve Wynn : cela avait été tellement épuisant que nous n'avions pas eu le temps de penser à *Alegria*. En tant que directeur artistique, il avait fallu que j'y pense tout de même. J'avais déjà commencé le *casting* parce que nous étions en janvier 1993 et que le *show* devait commencer en avril 1994. Je devais avancer. Quand toute l'équipe s'est retrouvée sur la conception d'*Alegria*, ce fut comme un baume. Nous avions retrouvé notre noyau créatif et nous étions concentrés sur le cœur du projet, pas sur des enjeux extérieurs. De plus, nous étions dans le chapiteau, un environnement qui nous était familier.

Nous nous sommes dit que la thématique du spectacle serait le pouvoir. Où est-il aujourd'hui ? Qui l'exerce alors que, après la chute du mur de Berlin et du bloc soviétique, la mondialisation bouleverse les gouvernements, les structures économiques et notre rapport au monde ? Nous avons cherché notre « trésor commun » pour monter le spectacle. Pour la scénographie, Michel Crête a imaginé un dôme qui représentait le pouvoir. De nombreux bâtiments où le pouvoir s'exerce ont un dôme : la basilique Saint-Pierre de Rome, le Capitole de Washington, l'Hôtel de Ville de Montréal, etc. Ce décor était rongé par du vert-de-gris et de la rouille, évoquant bien l'évanouissement des vieux pouvoirs traditionnels. Sur la scène, Michel a fait peindre une salamandre, un animal qui marche sur la terre et qui nage, qui respire l'air et survit au feu. C'est un symbole d'éternité ; c'était le blason d'*Alegria*.

Pour les costumes, Dominique Lemieux s'est inspirée de gens de l'élite new-yorkaise de la fin du 19e siècle, qui s'habillaient de façon très chamarrée et portaient de gros bijoux. Elle s'en est servi pour les personnages représentant l'ancien pouvoir. Les jeunes acrobates incarnaient le nouveau. Pour la musique, René Dupéré a mêlé des instruments acoustiques traditionnels – guitare, accordéon, violon – à des synthétiseurs. C'était aussi la première fois que nous utilisions des paroles, écrites par Franco et René, sur la musique plutôt qu'un langage inventé. Cela a donné un très beau disque, qui a très bien marché. Nous avons même gagné un prix Félix ! Ce regard vers l'avenir était aussi symbolisé par un extraordinaire numéro de *fast track*, où les jeunes volaient littéralement dans le chapiteau tandis que les vieux oiseaux lourds de l'ancien régime étaient cloués au sol. Ce qui donnait un côté très festif, très allumé.

Le *casting* d'*Alegria* m'a aussi donné l'occasion de découvrir la Mongolie, un pays fascinant. J'avais rencontré le directeur du Cirque national de Mongolie, au Festival du Cirque de demain, à Paris, et il m'avait invité à Oulan-Bator. Guy et moi, nous y sommes rendus pour engager des contorsionnistes, et nous sommes arrivés pendant la semaine des Jeux du

Naadam, qui soulignent la fête nationale mongole. Pour ces festivités, des milliers d'éleveurs nomades des steppes installent leurs campements dans les plaines autour de la capitale pour participer à des courses de chevaux, des combats de lutte mongole et des compétitions de tir à l'arc. Accompagnés de notre interprète, Guy et moi sommes allés nous promener dans l'un de ces campements. Un éleveur nous a invités à prendre un verre avec sa famille et, quand il a appris que nous étions Canadiens, il a interprété cela comme un porte-bonheur pour son fils qui concourait à la finale du Naadam. Le lendemain, nous avons assisté à la finale, puis nous sommes allés chez notre ami éleveur. Son fils avait gagné et il était euphorique. Il nous a embrassé les mains, nous a servi de l'alcool et a voulu offrir un jeune cheval à chacun de nous. Nous ne pouvions, hélas, pas l'emmener, mais nous avons chaudement remercié notre ami, conscients de l'immense valeur d'un tel cadeau.

Nous avons aussi assisté au spectacle du Cirque national, un cirque traditionnel, où l'on présente des numéros avec des chameaux, des loups et des chevaux. Les numéros acrobatiques étaient très bien, mais c'était les contorsionnistes qui nous intéressaient en premier lieu. La contorsion est une discipline traditionnelle du peuple mongol, et on en trouve une excellente école à Oulan-Bator. Nous avons assuré la direction du Cirque que nous engagerions des jeunes filles pour nos productions futures, et nous nous sommes assurés du consentement de leurs parents. Au moment de quitter l'hôtel, l'assistant du directeur est venu me rencontrer et m'a offert d'emmener son fils Tamir avec nous, un garçon de seize ans, qui mesurait déjà 1,90 mètre et pesait près de 100 kilos ! Son père souhaitait qu'il se développe dans un grand cirque.

J'ai accepté, et je l'ai encadré comme un père. Tamir était un porteur de colonne très fort et il a intégré la troupe d'*Alegria*. Aujourd'hui, il est un artiste complet et apprécié et il travaille toujours au Cirque du Soleil.

La prémisse de *Quidam* était la suivante : après avoir subi tous les bouleversements évoqués dans *Alegria*, chaque citoyen devenait de plus en plus anonyme, un quidam parmi la foule. Nous étions convaincus cependant qu'il y aurait toujours des artistes ou des marginaux qui voudraient se regrouper pour vivre leur créativité. *Quidam*, c'était l'expression du désir de sortir de la foule et de vivre l'unicité. Le fond du décor était assez sombre, illustrant l'horizon de la ville qui nous rend anonymes. Au-dessus de la scène, il y avait de grandes herses par lesquelles étaient amenés les appareils acrobatiques de chaque numéro. Nous avions décidé qu'il n'y aurait aucune manipulation au sol, tout arriverait par les airs. Luc Lafortune avait installé des lumières dans ces herses. Elles symbolisaient la Voie lactée sous laquelle les gens de la ville se rassemblaient pour jouer sur la piste, une place publique. Le spectacle commençait avec un homme et une femme assis sur un banc et leur petite fille assise par terre. Un « quidam » arrivait et offrait son chapeau à la fillette. Ses parents s'envolaient, et l'imaginaire de l'enfant se mettait en place.

En 1997, j'ai vécu ma seconde expérience de mise en scène avec celle de *Pomp Duck and Circumstance*. Encore une fois, j'ai osé me lancer dans une aventure qui n'était pas gagnée d'avance. La genèse de ce spectacle est assez particulière. Hans Peter Wodarz est un grand chef allemand, très réputé en Allemagne pour sa cuisine basée sur le canard. Il avait créé un spectacle de cabaret dans l'esprit du Berlin des années 1930, qui se déroulait dans un restaurant, sous une *spiegeltent*, un genre de chapiteau aux murs couverts de boiseries et de miroirs. Il avait présenté son spectacle à New York, mais il avait fait faillite. Il nous a rencontrés. Il voulait savoir si le Cirque du Soleil souhaitait investir pour reprendre le spectacle. Le Cirque a dit oui pour un projet de partenariat de trois ans avec options.

L'équipe était occupée à produire *Quidam* et à développer *O* et j'ai offert à Hans Peter de remonter son spectacle. *Pomp Duck* m'intéressait parce que l'art du cabaret est essentiellement théâtral. J'ai fait une recherche pour aller à l'essence même du genre. Au début du 20e siècle, en Suisse, sont nés des cabarets où se tenaient des soirées musicales et littéraires. On y faisait des commentaires sur la politique, la société et la vie au quotidien, on y chantait et on y lisait des poèmes. J'ai créé une histoire qui tournait autour d'un inspecteur des impôts qui cherche Hans Peter Wodarz parce que, tout le monde le sait, dans un restaurant, il y a toujours une caisse noire!

À mesure que le spectacle avançait, les spectateurs mangeaient, buvaient, et, plus ils buvaient, plus l'atmosphère dégénérait. Une artiste très plantureuse, avec de faux seins, servait de la soupe en demandant aux convives sur un ton langoureux: « Voulez-vous de ma soupe? Je suis la fille illégitime de Marylin Monroe et de John Kennedy! » J'avais dit aux artistes qu'ils devaient être très sobres à l'arrivée des spectateurs, mais que, graduellement, le démon en eux devait se réveiller. Par exemple, au début du spectacle, un sommelier était un peu efféminé et, à la fin, il portait un tutu et avait une attitude complètement extravagante. Je n'avais engagé que des «gueules» et, en atelier, chacun de ces artistes a développé son personnage sous ma direction. Le spectacle durait quatre heures, divisé en quatre actes correspondant à chaque plat servi. Entre les services, des numéros acrobatiques ou des scènes comiques faisaient progresser l'histoire. Je m'inspirais des préoccupations des Allemands. À cette époque, au milieu des années 1990, on entendait parler de plusieurs affaires d'évasion fiscale, et plusieurs vedettes étaient rattrapées par la justice. Je me suis beaucoup amusé avec ce spectacle. Certains de ces comédiens sont devenus très populaires en Allemagne. L'un d'entre eux, le *taxman*, a participé régulièrement à des émissions télévisées où il venait critiquer les politiques du gouvernement.

Collection privée

Gilles Ste-Croix à sept ans, 1956.

Gilles Ste-Croix, gardien de but de l'équipe de hockey du pensionnat Saint-Viateur d'Amos, 1964.

La légende d'Alexis, au Festival d'été de Québec, en 1980. Serge Roy, Josée Bélanger, Guy Laliberté, Danny Frenette, Carmen Ruest, Colette Brouillé et Gilles Ste-Croix sur ses échasses.

Les Échassiers de Baie-Saint-Paul, 1981. Rangée du bas : Serge Roy, Colette Brouillé, Bernard St-Louis, Guy Laliberté et Robert Lagueux. Rangée du haut : Guy Arsenault, Carmen Ruest, Gilles Ste-Croix, Doloreze Léonard, Josée Bélanger et Lorraine Potvin.

Carte de presse de
Gilles Ste-Croix pour
le journal de Vancouver
Georgia Straight, 1975.

Danielle Rochette et Olivier, Vincent et Bilbo, les trois fils qu'elle a eus avec Gilles Ste-Croix, devant le tipi familial, Baie-Saint-Paul, 1983.

Gilles Ste-Croix, animation et parade lors du *Grand tour du Cirque du Soleil*, 1984.

Denis Martin

Gilles Ste-Croix s'entraîne au saut périlleux sur échasses, entouré de Ben La Barouette et Jacques Tremblay, 1984.

Denis Martin

Gilles Ste-Croix en cracheur de feu, 1984.

Gilles Ste-Croix et Guy Laliberté, 1990

Guy Laliberté et Gilles Ste-Croix, aux Jeux du Naadam d'Ulan Bator, en Mongolie, 1993.

Gilles Ste-Croix et Franco Dragone, 1996.

Alegria, en tournée, 1994.

O, Las Vegas, 1998.

Cheval Théâtre-Saka, Stéphane Simon et Émilie Jumeaux, 2004.

Monique Voyer

Dominic Champagne, Jean Rabasse, Philippe Guillotel et Gilles Ste-Croix sur le célèbre Abbey Road Crossing, 2004.

En juin 2009, pour marquer le 25ᵉ anniversaire du Cirque du Soleil, plus de 800 personnes établissent un record Guinness du plus grand nombre d'échassiers. De gauche à droite : Josée Bélanger, Doloreze Leonard, Raphael Rochette Vincent, Gilles Ste-Croix et Guy Laliberté.

Matthew Cope/Cirque du Soleil

Gilles Ste-Croix et Paul McCartney lors des répétitions du spectacle *LOVE*,
à Las Vegas, 2006.

Le spectacle *Orale*, du Circo de Los Niños, à San Pancho, au Mexique, 2014.

Gilles Ste-Croix (à droite, au centre) et sa famille, à San Pancho, au Mexique, 2016.

Après *Mystère*, Steve Wynn nous a dit qu'il voulait un spectacle pour le Bellagio, le nouveau casino qu'il allait faire construire. Nous lui avons proposé un spectacle sur le thème de l'eau et il nous a répondu : « L'idée me plaît. Pendant les deux prochains mois, je propose que nous allions voir un peu partout aux États-Unis pour voir ce qui se fait comme spectacles avec de l'eau. »

Nous sommes allés à Sea World, à Orlando, pour rencontrer des spécialistes des grands spectacles avec des effets d'eau et de fontaines, le genre de *show* que Steve Wynn avait en tête. Nous lui avons dit qu'il était impossible de faire un spectacle de cette ampleur parce qu'il nous faudrait plus d'une centaine d'artistes et qu'il devrait être présenté à l'extérieur. Que ferait-on, le soir ? Un autre spectacle ? Nous lui avons proposé d'en monter un vrai dans un théâtre à l'italienne, et d'avoir, à l'extérieur, devant le casino, une attraction de jets d'eau. C'est là qu'est née l'idée des jets d'eau illuminés, « chorégraphiés » sur une musique, spectacle aquatique qui a lieu maintenant devant le Bellagio. Il n'y avait rien de tel à Las Vegas.

Nous avons engagé un spécialiste d'effets spéciaux de parcs d'attractions, entre autres ceux du manège de Jaws, aux studios Universal, pour faire des recherches. Nous pensions que nous devions savoir exactement ce qu'il était possible de faire avec de l'eau. Ce spécialiste nous a fait un rapport qui commençait par : «Si le Bon Dieu avait voulu qu'on fasse des *shows* d'eau, il nous aurait donné des nageoires.» J'ai beaucoup aimé qu'il nous avertisse que l'eau n'est pas un matériau évident à travailler. Elle n'est pas compressible, elle n'est pas contrôlable. C'est elle qui mène. Il nous a dressé un historique des *shows* d'eau, de l'Antiquité, où les Romains reproduisaient des combats navals dans le Colisée de Rome, jusqu'à l'époque victorienne, où les Britanniques faisaient la même chose dans un théâtre au bord de la Tamise, et dont le parterre était rempli d'eau! Nous avons ensuite regardé des films hollywoodiens, où il y avait des numéros aquatiques, entre autres ceux d'Esther Williams, une championne de natation qui, dans les années 1940 et 1950, était une grande vedette de cinéma. Ces recherches nous ont convaincus qu'il nous fallait beaucoup de nageuses. C'est alors que nous avons engagé Sylvie Fréchette, championne olympique canadienne à Barcelone, pour monter cette troupe.

Ensuite, je me suis dit que, lorsqu'on plonge, soit on est en haut et on se jette en bas, soit on se lance dans les airs et on plonge. C'est ce qui m'a donné l'idée d'utiliser une balançoire russe, composée d'un grand plateau qui se balance assez haut sur une armature en triangle. Les acrobates s'élancent du plateau et atterrissent sur un tapis, mais cela n'avait jamais été utilisé pour plonger dans l'eau. Il fallait calculer de façon très précise l'ampleur du saut et l'impulsion de l'élan que la balançoire donnait aux artistes pour qu'ils arrivent dans l'eau et non sur la scène! Nous avons loué le bassin de plongeon du centre Claude-Robillard pour répéter. Il nous a fallu du temps, mais nous y sommes arrivés. Nous avons installé des matelas sur les bords de la piscine. Ceux-ci représentaient la limite de notre bassin à Las Vegas, et, oui, c'est arrivé quelques fois qu'une acrobate atterrisse sur le tapis…

Hormis ce travail avec l'eau, le travail avec le feu constituait pour nous l'autre grande nouveauté. Nous allions enfin pouvoir faire un numéro de feu. Nous n'avions pas pu le faire dans *Mystère*, car le Service des incendies nous l'avait interdit. Dans le passé, il y avait eu des feux dans les casinos de Vegas et des gens étaient morts. Dans *O*, le feu est au milieu de la piscine, c'est donc parfaitement sécuritaire. Quand l'inspecteur des incendies est venu évaluer le numéro, des artistes manipulaient des bâtons enflammés et un cascadeur littéralement en feu traversait la scène. Sa chaise, ses vêtements et son journal brûlaient, et il faisait comme s'il ne s'en apercevait pas. Il y avait de fausses flammes faites avec des pièces de soie qui sortaient de la scène, des rideaux, dans les balcons, de partout. Avec les lumières et le son, c'était impressionnant. L'inspecteur m'a regardé et j'ai vu dans ses yeux qu'il pensait que nous étions fous, mais, quand il s'est avéré qu'il n'y avait aucun danger, il a donné son autorisation.

Un bassin a été construit pour y tester des éclairages et les tissus des costumes afin de voir comment réagissaient les matériaux dans l'eau. Nous voulions une piscine au brome pour que les artistes ne soient pas trop incommodés. Un mois après la première, les nageuses avaient des otites, des infections, toutes sortes de problèmes de santé. Le système de filtration a dû être changé et nous avons mis du chlore. Il a fallu installer une ventilation spéciale à l'arrière-scène pour que ça ne sente pas trop le chlore dans le théâtre. Mais, ce faisant, les artistes gelaient en coulisses! Il a donc fallu installer des chaufferettes et faire fonctionner la ventilation pendant la journée pour évacuer l'odeur du chlore. Les costumes ont été testés, mais, au bout d'une ou deux semaines, le chlore usait certains tissus comme le spandex, qui devenait moins résistant et se déchirait. Aux ateliers, les filles refaisaient des costumes toutes les trois semaines. Nous avons donc trouvé de nouveaux tissus et des teintures qui résistaient bien au chlore.

Au départ, Guy et moi voulions faire un manège avec de vrais chevaux dans le spectacle, mais Steve Wynn a catégoriquement refusé. Michel Crête a amené l'idée des faux chevaux, grandeur réelle. Cela offrait plus de possibilités et, même si chaque faux cheval coûtait 100 000 $, c'était tout de même moins cher qu'un vrai. Les *shows* équestres coûtent une fortune. Je l'apprendrai à mes dépens quelques années plus tard.

L'idée centrale, narrative et poétique du *show* se résumait ainsi: l'eau est la mémoire du monde et celle de la piscine sur scène est reliée à toute l'eau de la planète et à chacun d'entre nous, car nous sommes composés à 80 % d'eau. Les moyens financiers mis à notre disposition par Steve Wynn nous donnaient énormément de possibilités. Nous pouvions faire presque tout ce que nous voulions. Dans *O*, il y avait à peu près 120 axes automatisés. C'est énorme. Il a fallu imaginer des plateformes informatiques pour les faire fonctionner parce que nos serveurs plantaient tout le temps. Il y avait trop d'axes en simultané. Nous mettions de la pression sur nos fournisseurs pour qu'ils nous livrent des choses qui n'existaient pas:

des systèmes hydrauliques sous l'eau qui fonctionnent en continu, des machines de filtration pour des milliers de mètres cubes d'eau. Uniquement pour assurer la sécurité sous l'eau, 10 hommes-grenouilles étaient en permanence dans le bassin. Pour la fin du *show*, Franco avait eu l'idée que toute la troupe se dissolve dans l'eau. Tout le monde saluait et chacun disparaissait grâce aux *lifts* qui s'enfonçaient dans l'eau. C'était comme si chaque artiste retournait dans son élément naturel aquatique après nous avoir divertis et émus. C'était une belle idée, mais assez compliquée à réaliser. En tout, il y avait 60 artistes sous l'eau pendant quelques minutes, le temps que le rideau se ferme. C'était courir un gros risque. Des embouchures d'air ont été installées autour du bassin et nous avons répété jusqu'à ce que nous trouvions le bon enchaînement et les bonnes positions pour tout le monde. C'était une logistique très complexe.

Ce spectacle a été un grand défi pour nous. Il y a eu tellement d'inconnues avec lesquelles nous avons dû composer à cause de l'eau. Au-delà de l'apprentissage technique, ce fut un exercice d'humilité. Nous avons appris à respecter la beauté de l'eau, cet élément si vital pour l'être humain, mais aussi le danger qu'elle représente. Aujourd'hui encore, *O* est un spectacle mythique, qui joue plus de 450 fois par année dans des salles remplies en moyenne à 90 %. Et ce, après dix-huit ans.

LA NOUBA

La Nouba a été conçu en même temps que *Quidam* et *O*. Notre équipe travaillait sur les trois *shows* en alternance, un jour pour chaque spectacle. C'était très intense. Les membres de l'équipe de création lançaient des idées et nous décidions pour lequel des trois *shows* nous la gardions. Nous savions que *La Nouba* serait le dernier spectacle que nous ferions ensemble. Franco voulait rentrer en Europe et tout le monde désirait se reposer après la production simultanée de trois spectacles. Nous travaillions sans arrêt depuis dix ans, il était temps de souffler un peu. Nous sommes arrivés à Orlando à la fin octobre, après le début d'*O*, et *La Nouba* devait commencer à Noël. La directrice de production était un peu paniquée !

Le défi de ce spectacle destiné à Disney World était de faire quelque chose pour un public familial sans que ce soit un conte à la Disney. Michel Crête a dessiné une scénographie très simple et efficace. Nous avions un budget serré pour un projet d'une telle ampleur. Le théâtre construit pour nous était circulaire comme un cirque, et Michel, qui s'était beaucoup impliqué dans la conception, avait ajouté des éléments qui rappelaient un chapiteau. Ce qui donnait l'impression d'un théâtre qui aurait poussé à travers sa toile. Au départ, les créatifs de Disney ne voulaient pas d'un bâtiment blanc parce que, disaient-ils, «le blanc n'est pas une couleur». De notre côté, nous savions que, pour se démarquer de l'environnement très multicolore de Disney World, il fallait que l'immeuble soit blanc. Finalement, il a été d'un gris très pâle. À l'intérieur, tout était noir pour faire contraste, pour permettre des apparitions et ajouter un aspect plus intime à cette salle de 1 800 places. Franco disait que chaque élément de ce spectacle devait stimuler notre imagination. Au début de la représentation, une dame arrivait sur scène, témoin d'un monde imaginaire qui se déploie, comme dans l'esprit d'un enfant. Nous voulions donner l'impression d'être dans un grenier où, au moindre bruit ou à la moindre lueur, l'imaginaire prend son envol. Au-dessus de la scène, Michel avait placé de grandes voiles, qui évoquaient des fantômes suspendus et qu'il appelait «les fabuleuses».

Dans *La Nouba*, il y avait deux clowns: Balthazar, surnommé Balto, incarné par Michel Beauchamp, et Serguei, un clown russe sourd-muet avec qui Slava avait travaillé à Saint-Pétersbourg et qu'il avait amené avec lui pour jouer dans *Alegria*. Il incarnait un personnage de simple d'esprit, un peu absurde, qui faisait toutes sortes de gaffes. Serguei était de la tournée d'*Alegria*, mais il a dû arrêter parce qu'il lui était difficile de trouver les services que son handicap nécessitait. J'ai eu l'idée de faire un duo de clowns avec eux parce que Balto joue un personnage clownesque muet. Nous avons travaillé ensemble pour monter leur ligne narrative, en contrepoint du thème central du spectacle. Les enfants adoraient ces deux clowns parce qu'ils faisaient des choses stupides. Je connaissais Balto depuis l'époque des

Échassiers, quand il jouait à Québec avec la troupe L'Aubergine de la macédoine. Je lui ai proposé le duo avec Serguei. Il était ravi que ce soit un spectacle fixe parce qu'il avait une femme et des enfants et qu'il ne voulait pas faire de tournée. Cependant, il était inquiet de travailler avec un clown russe sourd-muet. Ils se sont rencontrés, ils se sont parlé par l'entremise d'un interprète. Peu à peu, Michel a appris le langage russe des signes et Serguei a appris à lire l'anglais sur les lèvres de Michel. Ils ont développé une vraie complicité et ont travaillé une quinzaine d'années ensemble.

Sur les 60 artistes de *La Nouba*, il y avait un contingent important d'acrobates. Parfois, les idées de numéros naissent par hasard. À Las Vegas, il y avait une très petite salle d'entraînement pour *Mystère* parce que l'espace de coulisses du théâtre était restreint. Dans cette petite salle se trouvaient une planche sautoir, un mât chinois et le trampoline. Les artistes se réchauffaient sur le trampoline. Un jour, je suis passé dans cette salle et j'ai vu des gars qui, pour se réchauffer, sautaient sur le trampoline, marchaient sur le mur, rebondissaient sur le trampoline, grimpaient de nouveau sur le mur et ainsi de suite. Je me suis dit qu'il y avait là un numéro. Quand je suis rentré à Montréal, j'ai fait installer le matériel nécessaire pour faire de la recherche avec quatre trampolinistes. C'est ainsi qu'est né le «trampomur», un numéro repris partout dans le monde. Pour notre «dernier spectacle ensemble», j'avais bâti un squelette acrobatique qui était un *best of* du Cirque depuis dix ans : la roue allemande de *Quidam*, la bicyclette de *Cirque réinventé*, du *fast track* d'*Alegria*, du trampoline de *Mystère*, du trapèze volant de *Nouvelle expérience*, etc. C'était un spectacle de fête pour célébrer l'imaginaire.

LAISSEZ PASSER LES CLOWNS

J'AIME PROFONDÉMENT LES CLOWNS. J'AIME L'IDÉE DE RACONTER une histoire avec peu de gestes et de paroles pour faire rire le public. Pour moi, un numéro de clown doit toujours avoir un rapport avec le public pour lequel il joue. Les clowns qui sculptent des ballons n'en sont pas. Ce sont des techniciens d'animation ! Un vrai clown a un propos et les bases de son art sont les mêmes que celles de la commedia dell'arte. Quand Arlequin ou Pantalon font leurs pitreries, ils parodient quelqu'un, en général un puissant. Le levier comique repose sur ce commentaire fait sur notre monde. Un humoriste comme Yvon Deschamps, par exemple, le fait avec des mots. Un clown, lui, le fait à travers une situation, une histoire, et il joue avec le public. Les gens rient parce qu'ils reconnaissent la satire que le clown fait d'eux, de leur vie, de leur monde. Il commente nos habitudes, nos défauts, nos espoirs et nos échecs.

Les clowns sont de grands inquiets. C'est vrai de tous les artistes, mais l'insécurité est particulièrement forte chez les clowns parce qu'ils travaillent sans filet. Quand ils se retrouvent seuls face au public, ils doivent faire rire. Ils n'ont pas le choix. Ce n'est pas une technique acrobatique. La seule façon de faire rire, c'est de se déculotter, et, s'il ne se passe rien, le clown meurt. Il pourrait sortir de scène sur une civière. Son ego est écrasé. Il n'existe plus. Très souvent, un gag ou un geste déclenche le rire après avoir été répété trois fois. Tous les clowns du monde l'ont vérifié. Cela n'a rien à voir avec telle ou telle culture, c'est la façon dont est présenté le gag : à la troisième répétition, le public rit. Personne ne sait vraiment pourquoi, mais, si, après la troisième fois, le public ne rit pas, cela signifie que le clown s'est trompé. J'en ai vu plusieurs vivre de tels moments. C'est très dur pour eux parce que la valeur d'un numéro de clown ne peut se vérifier que devant un public.

Avant d'entrer en scène, les clowns sont tous très nerveux. Chaque entrée est comme la première. Même si un clown a beaucoup d'expérience et des centaines de *shows* « en arrière de la cravate », si le public ne rit pas quand il fait son numéro, il meurt. C'est ce qui fait la grandeur de cet art du clown.

FRANÇOIS DUPUIS

Pour *Fascination*, le spectacle du Cirque que j'ai mis en scène pour le Japon, j'avais besoin d'un clown pour le public familial japonais. Il devait interagir avec les enfants dans l'assistance. J'ai contacté François Dupuis, que j'avais connu quand il travaillait avec La Ratatouille, une troupe d'amuseurs publics de Québec. Il m'a parlé de son personnage de gros bébé et je me suis dit que ce serait parfait, que les enfants riraient tout de suite d'un adulte corpulent comme lui qui joue un bébé en couche. Cela a très bien marché, les enfants riaient, et même les adultes de façon plus discrète. Par la suite, j'ai proposé à Franco Dragone de reprendre ce personnage de gros bébé dans *Mystère*, que nous étions en train de développer à Las Vegas. Ce personnage clownesque allait très bien avec le thème de la naissance et de l'évolution d'un humain qui traversait le spectacle. François était d'accord pour venir s'installer à Vegas et son «gros bébé» a tout de suite été un des *hits* du spectacle. François avait un sens inouï du *timing*, il savait exactement quand et comment aller chercher le rire. Il savait lire un public comme personne. En écoutant la réaction des gens, il pouvait aussi dire si le public était principalement composé d'Asiatiques ou d'Européens, d'Américains du Midwest ou de la côte Ouest parce que, selon la culture ou l'origine, les gens réagissent de façon différente. François le sentait tout de suite et l'utilisait dans son jeu. Nous avons eu une très belle relation et il a joué dans *Mystère* jusqu'à sa mort, en 2004. C'était un grand clown, qui est sûrement au paradis des clowns...

WAYNE HRONECK

Wayne est un de mes vieux *chums*. Il était de la première *Fête foraine* comme amuseur de rue, à Baie-Saint-Paul. Il a aussi fait partie de la première tournée du Cirque en 1984. C'était un clown irrespectueux et dérangeant; il avait un vrai regard sur le monde et aimait faire des commentaires sociaux. Lors de notre premier passage à Los Angeles, en 1987, il se promenait dans le chapiteau, avant le spectacle, avec un seau d'eau et une louche et offrait aux gens de l'eau des montagnes canadiennes. En Californie, l'eau, à cause de sa rareté, est un sujet sensible qui touche tout le monde. Wayne vendait l'eau 25 cents la tasse et, si un spectateur ne voulait pas payer, il l'arrosait en lui disant: «L'eau du Canada est gratuite pour tout le monde!»

Contrairement à d'autres clowns qui montent un numéro et le font toute leur vie, Wayne n'avait pas peur de l'adapter ou même de le changer selon l'environnement dans lequel il jouait. Quand nous arrivions dans une ville, il se renseignait sur ce qui préoccupait les gens, et il créait un numéro à partir de cela. À New York, en 1988, il y avait beaucoup de prédicateurs dans Times Square, qui haranguaient la foule en citant des passages de la Bible. Wayne avait monté un numéro qu'il faisait devant le chapiteau, avant que le public n'y entre. Il avait enfilé un vieil habit et, avec un gros livre noir dans les mains, il s'installait devant le chapiteau et disait aux spectateurs qui arrivaient: «Ne rentrez pas là, ce sont des pécheurs. S'ils étaient d'honnêtes gens, pensez-vous qu'ils se cacheraient sous un chapiteau? Rebroussez chemin, rentrez chez vous!»

Les techniciens sont venus me voir pour me dire qu'il y avait un *preacher* à l'entrée qui dérangeait les gens, et qu'il fallait appeler la police pour le faire partir. Je suis allé voir et j'ai reconnu Wayne sous son déguisement. Il donnait des petites pommes de terre aux gens en disant que s'ils s'en frottaient le crâne, ils seraient protégés du péché. C'était vraiment un beau délire! Un jour, il a quitté la tournée sans donner de nouvelles. Il avait un côté sauvage et solitaire. Quelques années plus tard, je voulais l'avoir pour *Mystère*. Je lui ai envoyé des lettres auxquelles il n'a pas répondu. Finalement, je suis allé chez lui, dans l'île de Vancouver. Il habitait une cabane dans la forêt. Il m'a accueilli en me disant :

« Qu'est-ce que tu viens faire ici ? T'es pas mal loin de ton cirque !

— Je suis venu te convaincre de venir jouer à Vegas.

— J'en reviens pas. Tu as fait tout ce chemin pour me voir… »

Nous avons mangé ensemble et je lui ai raconté l'idée du *show*. Il m'a dit : « Ah ! Encore la magie fleur bleue de Franco ! » Pour lui, les spectacles de Franco avaient quelque chose de trop doux. Il voulait briser cet aspect en amenant de la réalité sur scène. Je lui ai rétorqué : « Je viens te chercher parce qu'il n'y a que toi qui puisses faire ça. Le spectacle a besoin de ce contrepoint. »

Il a fini par accepter mon offre. Je savais qu'à Vegas, il trouverait son inspiration parce que c'est une ville où les sujets de commentaires sociaux ne manquent pas ! Il a monté un numéro dans lequel il parodiait les combats de boxe avec des tartes à la crème. Quand il l'a fait la première fois, ça ne s'est pas bien passé. Il a utilisé un spectateur, et celui-ci n'aimait pas l'idée de lancer des tartes à la crème à Wayne. Et surtout, le public ne riait pas. Wayne est vraiment « mort » sur scène, ce soir-là. Le lendemain matin, il m'a dit qu'il rentrait chez lui, dans sa cabane dans les bois. Nous avons déjeuné ensemble et je lui ai dit :

« Les tartes à la crème sont peut-être trop osées pour le public de Las Vegas, mais il y a des choses que tu as faites dans d'autres spectacles qui fonctionneraient bien ici. Tu pourrais construire ton histoire à partir de ces acquis.

— Comme quoi, par exemple ?

— Le numéro de la tronçonneuse. Quand tu démarrais la tronçonneuse sur scène, les gens capotaient avec le bruit assourdissant et la fumée qui t'enveloppait.

— …

— Tu pourrais aussi faire une satire d'un numéro de magie, faire disparaître quelqu'un. Comme une parodie de Siegfried & Roy.

— Je vais y penser… »

Le soir même, il m'a rappelé et m'a dit :

« Je sais ce que je vais faire. Je vais jouer un vieux *mononcle* qui est à Vegas pour un mariage. Je porte un smoking tout déglingué et trop grand. Je me glisse dans le public avant que le *show* commence et je me promène dans les allées pour interagir avec les gens. Pendant le spectacle, je continue mon manège, je monte sur la scène, les gardes de sécurité me courent après et m'expulsent du théâtre. Plus tard, je reviens, je choisis un spectateur et je l'enferme dans une grande boîte. Ensuite, je m'assois avec sa blonde. La fille est mal à l'aise parce que, c'est bien connu, les gars viennent à Vegas avec leur maîtresse. À ce moment-là, le maître de piste arrive sur scène et essaye d'ouvrir la boîte. Pas de problème, je vais chercher ma tronçonneuse pour la couper en deux. Finalement, les gardes de sécurité m'attrapent, me jettent dehors et amènent la boîte, avec le gars à l'intérieur, dans les coulisses. Fin du numéro.

— C'est excellent. Tu vois que t'étais capable!»

Ce numéro a connu un grand succès. Wayne l'a fait pendant sept ans. Ensuite, il a eu des problèmes aux genoux, il a dû partir, et Brian Dewhurst l'a remplacé. Brian vient du vaudeville anglais. Il a tenu le rôle du chambellan dans *Nouvelle expérience* et il a fait un numéro de fil de fer dans *Fascination*, au Japon. C'était la bonne personne pour reprendre le rôle. Il suivait exactement le scénario que Wayne avait créé, et, à chaque représentation, Wayne touchait des droits d'auteur. C'était la première fois au Cirque que le numéro d'un clown était reconnu par un droit d'auteur. Ensuite, j'ai procédé de la même façon avec Slava pour garder son numéro de la tempête dans *Alegria* et avec David Shiner pour avoir son numéro de cinéma pour *Quidam*.

DAVID SHINER

Guy et moi avions vu David Shiner quand il jouait avec le cirque Knie dans les années 1980. Nous avions adoré ce qu'il faisait et nous lui avions dit qu'un jour, nous aimerions travailler avec lui. Quelque temps plus tard, il a vu *Cirque réinventé* à Toronto. Il n'était pas en très grande forme. Il avait travaillé très fort avec le cirque Roncalli. Il était tellement épuisé qu'il avait fait une dépression. Quand nous lui avons demandé s'il aimerait participer au spectacle que nous préparions pour l'année suivante, il a répondu: «On verra...»

Je savais qu'il nous fallait un personnage central pour *Nouvelle expérience*, et je me suis dit: «Pourquoi pas un clown comme David?» Je me suis rendu chez lui en Allemagne et je lui ai proposé le rôle. Mais Mika, sa femme, a des chevaux et elle ne voulait pas vivre en Amérique. J'ai demandé à David la permission de parler avec Mika, et, le lendemain, je me suis promené à cheval dans la forêt avec elle. Nous discutions de tout et de rien, et puis il y a eu un silence. Après quelques instants, Mika m'a demandé :

« Alors, tu veux me prendre David ?

— Je ne veux pas te prendre David, Mika. Je veux simplement lui offrir un rôle important dans un nouveau spectacle du Cirque, dans lequel il aura la possibilité de se faire connaître en Amérique du Nord et, peut-être, développer quelque chose de nouveau dans sa carrière.

— Oui, mais il s'est tellement épuisé au cirque Roncalli...

— J'ai beaucoup trop de respect pour les artistes pour les mettre en danger. Tu n'es pas obligée de me croire, mais je t'assure que j'ai la réputation de toujours défendre les artistes. Ce sont eux qui font qu'un spectacle fonctionne et je vais m'assurer que David jouisse de toutes les conditions nécessaires pour qu'il donne sa meilleure performance. Je sais que tu ne viendras pas en Amérique, mais j'aimerais bien que tu viennes voir les répétitions. Si tu sens que David n'est pas bien, on arrêtera tout de suite. »

Je ne bluffais pas. Il fallait que David et sa femme soient en confiance. J'aurais tenu ma parole si ça s'était passé ainsi. Mika a accepté de parler avec David et, le lendemain matin, il m'a dit que j'avais rassuré sa femme et qu'il ferait le spectacle avec nous. David était un clown irrévérencieux, formé à la technique du mime de l'école de Jacques Lecoq, un grand maître français. Il avait développé et peaufiné son personnage dans les rues de Paris, d'Avignon, et en Allemagne. Il faisait ses numéros en utilisant des spectateurs. Quand il est arrivé pour les répétitions, toute l'équipe de concepteurs était enthousiaste. L'humour était une composante importante de *Nouvelle expérience*. David faisait deux numéros avec la participation du public. Pour celui du cinéma, il choisissait trois spectateurs et les mettait en scène dans une histoire d'amour et de cocu qu'il faisait semblant de filmer. Un clown doit amuser, mais il doit aussi déranger. Tout est dans l'art de choisir le bon spectateur. Il dirigeait ses acteurs avec une incroyable précision et il s'emportait dans des colères absurdes qui déclenchaient les rires de la foule. Ce numéro réglé au quart de tour est une pièce d'anthologie. C'est un grand classique du Cirque du Soleil.

Je me suis entendu avec David pour qu'il s'engage au moins pour un an, de la première à Montréal jusqu'à la finale à New York. Ensuite, s'il décidait de partir, nous essayerions de trouver quelqu'un pour le remplacer. Il est resté seulement un an avec nous, mais c'est une collaboration dont je suis particulièrement fier.

RENÉ BAZINET

Pour *Saltimbanco*, je suis allé chercher René Bazinet, un clown dont j'entendais parler depuis des années. C'était un grand ami de David Shiner. Il avait, lui aussi, été formé chez Lecoq. Ils avaient travaillé ensemble en Allemagne dans des cabarets et dans la rue. David m'avait dit que je devrais le convaincre de venir travailler avec nous. Il m'a aussi dit que ça ne serait pas facile parce que Bazinet était un fêtard, quelqu'un qui n'avait pas beaucoup de discipline. Il faut dire que David Shiner était tout à l'opposé, il aimait l'ordre et la rigueur.

J'ai rencontré René Bazinet un matin, à Paris, alors qu'il rentrait d'une nuit blanche. Je lui ai offert d'être le clown de *Saltimbanco*, mais il m'a dit :

« Tu ne m'as jamais vu.

— Je fais confiance à David Shiner, et je sais que le milieu te reconnaît comme un grand mime et un grand clown.

— OK, je vais venir à Montréal. C'est ma ville natale. Alors, on le boit, ce cognac ? »

Ça s'est fait aussi simplement que ça, et ce ne fut pas le seul cognac que nous avons bu ensemble ! Dès que Bazinet et Franco se sont rencontrés, leur entente a été bonne tant sur le plan personnel que professionnel. Il était clair que Bazinet, très intelligent et très bien formé, pouvait faire beaucoup plus que des numéros de clowns. Il avait une très belle voix et un vrai talent pour dire un texte de théâtre. C'était aussi un homme très attachant. Franco l'a mis au centre du spectacle, comme une espèce de maître de piste qu'il appelait « le chef des baroques », le meneur de jeu de cette troupe bigarrée d'amuseurs publics. Dominique Lemieux lui a créé un superbe costume, avec une cape et un haut-de-forme. Au début du spectacle, il apparaissait dans le rôle du Baron, un personnage très glamour. Après l'entracte, il devenait un genre de *rockstar* décadente à la Mick Jagger. Bazinet savait bouger, danser et parler. Il a créé le personnage inoubliable de *Saltimbanco*. Dans ses interventions clownesques basées sur le mime, il utilisait des effets vocaux qui accompagnaient parfaitement ses mouvements. Un jour, Franco lui a dit qu'il devrait accueillir les spectateurs avec un texte «à la shakespearienne». Bazinet a alors écrit un texte en langage inventé, qui était une façon de souhaiter la bienvenue aux spectateurs. Il arrivait avec sa cape, son chapeau et sa dégaine de prince et il déclamait quelque chose comme: «Jésum Jésum Balgoum Mé...» Évidemment, personne ne comprenait ce qu'il disait – pas même lui –, mais l'évocation du personnage, la couleur, les intonations qu'il y mettait faisaient en sorte que tout le monde était sous le charme et se sentait invité à la fête. Ce fut un personnage extraordinaire qu'il a donné à ce spectacle.

ALFREDO ET ADRÉNALINE

Les bons duos de clowns sont rares et ils ne durent généralement pas longtemps. C'est probablement dû au sentiment d'insécurité qui caractérise les clowns, et avec lequel ils doivent composer doublement en duo. Par contre, James Keelon et Francine Côté sont ensemble depuis plus de vingt-cinq ans, avec leur duo Alfredo et Adrénaline. Comme René Bazinet et David Shiner, James a étudié le mime chez Jacques Lecoq, à Paris, et Francine est issue de l'école de Philippe Gaulier, plus orientée sur le jeu et l'art de la «bouffonnerie». Ils se sont rencontrés dans la troupe de Michel Dallaire à Vancouver, au début des années 1980. James-Alfredo est un clown blanc, posé, en contrôle et autoritaire, au point d'en être ridiculement drôle. Francine-Adrénaline est un clown rouge, dynamique, contestataire, et même parfois agressant, qui fait contrepoint à la volonté d'organisation du clown blanc. Ils sont connus pour leur numéro sur le *Boléro* de Ravel. La pièce musicale sert de prétexte à un conflit entre les deux clowns, conflit qui s'amplifie en suivant le crescendo musical et qui éclate en une délirante bataille de crème à raser. Le numéro suit un scénario préétabli, mais l'improvisation et les réactions du public viennent nourrir leurs éclats. J'ai les ai engagés pour qu'ils présentent ce numéro dans *Mystère*, ce qu'ils ont fait pendant plus d'un an. Aujourd'hui, Francine et James ont une école de clown, à Montréal, qui forme une nouvelle génération d'artistes.

DOLOREZE LÉONARD

Au Cirque du Soleil, il y a eu peu de clowns féminins. Il faut dire qu'en général, il y a beaucoup plus d'hommes clowns que de femmes. Sur *Dralion*, nous avons eu Soizik, en duo avec son partenaire Johnny, qui faisait une variation de l'archétype du clown blanc, personnage autoritaire qui fait régner l'ordre, à l'opposé du clown rouge, complètement anarchique. Sinon, il y a eu Doloreze, qui faisait partie des Échassiers, au début des années 1980. Elle avait été habilleuse puis échassière et cracheuse de feu. Elle a su développer un personnage très burlesque tout en faisant rire d'elle. Elle était sans peur. En 1988, je l'ai engagée pour *Cirque réinventé*, mais son jeu était trop intimiste, et ça ne fonctionnait pas aussi bien que prévu sur la piste. Elle a continué à exploiter son côté burlesque en allant travailler dans des cabarets en Europe, ce qui correspondait plus à son travail de proximité avec le public. Elle a connu beaucoup de succès en Allemagne et aux États-Unis avec son personnage de Madame Zazou. Depuis quelques années, elle travaille comme clown du quotidien au siège social du Cirque du Soleil. Guy Laliberté trouvait l'ambiance au siège social parfois un peu morne et j'avais suggéré que nous engagions Doloreze. Elle s'intègre à des rencontres pour détendre les employés par des activités thématiques comiques, avec son personnage de Madame Zazou. Elle a carte blanche. Elle peut entrer sans préavis n'importe où pour, par exemple, marquer la Saint-Valentin, ou bien se déguiser en Jane Fonda pour faire de l'aérobie avec les employés à l'heure du lunch. C'est un clown de proximité qui plaît aux employés. Elle présente maintenant des spectacles de cabaret entièrement composés de femmes clowns burlesques.

SLAVA POLOUNINE

Quand je suis allé en Russie pour rencontrer Slava, il n'était pas pensable d'aller chercher un clown russe. J'avais entendu parler de lui dans un festival de clowns auquel j'avais assisté en Allemagne. Il avait été l'un des organisateurs du Festival international du théâtre de rue *La caravane du monde*, en 1990, alors que la Russie commençait à s'ouvrir sur le monde. C'était une espèce de caravane de la paix à travers l'Europe. Il y avait là beaucoup de clowns qui venaient d'un peu partout, Marc Favreau y était d'ailleurs avec son personnage de Sol. Tout le monde me parlait de Slava, mais il était resté à Saint-Pétersbourg, où il vivait et gérait la troupe de clowns Licedei. En Allemagne, j'ai rencontré Sacha et Leonid, deux membres de la troupe. Je leur ai dit que j'aimerais les engager, mais ils m'ont répondu que le Cirque du Soleil était trop gros, trop capitaliste, etc.

Je leur ai offert une bière, puis deux et plusieurs autres ! Finalement, ils n'ont pas accepté mon offre, mais je leur ai laissé ma carte en leur disant de m'appeler si, un jour, ils changeaient d'avis.

À l'automne, je suis allé rencontrer Slava avec mon ami russe, Pavel Brun, qui me servait d'interprète. La rencontre s'est déroulée chez Slava, avec sa femme Elena, une actrice qui travaillait avec lui. Je me suis aussitôt dit qu'une fois de plus, c'était l'épouse qu'il fallait convaincre pour avoir le mari ! Les deux m'écoutaient avec bienveillance. Ils m'ont remercié pour ma visite et Slava m'a dit qu'il avait entendu parler du Cirque du Soleil. Je lui ai montré des programmes souvenirs de nos spectacles, et il a vu que David Shiner avait travaillé avec nous. Il m'a dit : « *Nice... Pretty... Good* », mais rien de plus. Il m'a demandé si je connaissais Saint-Pétersbourg. Je lui ai répondu que non. « Très bien, m'a-t-il dit, demain, nous visiterons Saint-Pétersbourg. »

Le lendemain, nous avions rendez-vous devant le musée de l'Ermitage. Slava m'y attendait avec deux chevaux. Il m'a demandé si je savais monter à cheval et je lui répondu : « Oui, sans problème ! » Je me suis dit que mes capacités équestres m'étaient de plus en plus utiles... Slava et moi avons enfourché nos chevaux et avons commencé à nous promener tranquillement dans les rues de Saint-Pétersbourg. Il m'a montré des palais tous plus beaux les uns que les autres et la basilique où sont enterrés tous les tsars de Russie. Il tombait une neige légère en gros flocons et je me suis demandé si je rêvais. C'était féérique. Slava m'a dit : « Ça, c'est *snow show* pour toi ! »

Après cette escapade dans les rues de Saint-Pétersbourg, au cours de laquelle nous n'avions pas parlé un instant de *business*, nous sommes rentrés chez lui pour manger. Au cours du repas, j'ai demandé à sa femme, qui comprenait un peu l'anglais :

« Elena, aimeriez-vous venir vivre en Amérique ?

— Ce n'est pas évident. J'ai deux fils et ils doivent étudier.

— On pourrait offrir l'école à vos fils et ils pourraient apprendre l'anglais.

—... »

Slava m'a dit qu'ils allaient y penser. Pour « enfoncer le clou », je lui ai dit que j'avais rencontré deux membres de sa troupe et qu'ils réfléchissaient à la possibilité de travailler avec nous. J'ai salué mes hôtes, en leur précisant bien que je m'envolais pour Montréal le lendemain, et je suis rentré à Moscou. Le lendemain matin, le téléphone a sonné. C'était Elena. Elle me dit que Slava venait me voir à Moscou. Il est arrivé à mon hôtel quelques heures plus tard pour m'annoncer qu'il était intéressé par ma proposition. « Es-tu capable d'écrire le contrat tout de suite ? » m'a-t-il demandé.

Le temps de le dire, j'ai trouvé une employée de l'hôtel qui comprenait l'anglais et savait écrire à la machine pour taper le contrat. Pavel pour sa part m'aidait à traduire. L'employée a très vite compris qu'il s'agissait d'un clown qui voulait aller en Amérique. Nous étions en 1993 et, avec l'ouverture de l'URSS, l'Amérique était devenue une terre mythique pour beaucoup de Russes. Ils étaient plusieurs à vouloir y aller. La fille a demandé à Slava qui il était, et il lui a répondu : « Assisaï. » Elle l'a bien regardé et s'est exclamée : « C'est toi, Assisaï ? » Pendant plusieurs années, il avait fait des capsules comiques diffusées à la télévision russe. Il s'agissait de sketches sans paroles d'environ une minute, et son personnage, un clown mélancolique et fantasque, faisait des commentaires sur la société et le gouvernement russe. Le clown s'appelait « Assisaï » et tout le monde le connaissait. En quelques minutes, tout l'hôtel a su qu'Assisaï y était et les gens venaient le saluer et lui faire signer des autographes. Slava était très content de me donner la preuve qu'il était très connu, juste au moment de signer son contrat ! Finalement, celui-ci incluait l'école pour ses enfants, le transport de sa femme et l'embauche de deux membres de sa troupe, mais qui n'étaient pas Sacha et Leonid.

Les numéros de pantomime que faisait Slava dans *Alegria* ont beaucoup marqué le public. L'Amérique a alors découvert un grand artiste. Un de ses numéros était un moment triste et romantique qui s'achevait sur une tempête de neige qui s'abattait sur le public. Pour propulser les confettis de neige au-dessus de la piste, les techniciens avaient fabriqué une soufflerie qui les propulsait dans un tube afin de les faire tomber. Le moteur de la soufflerie, très bruyant, avait été installé à l'extérieur du chapiteau. En répétition, tout fonctionnait à merveille, mais le jour de la première à Montréal, il pleuvait des cordes et le système a été complètement noyé. Slava était bouleversé. Il est venu me voir et m'a dit : « Moi, pas faire *snow show*. Impossible ! » J'ai réfléchi un instant et je lui ai dit : « Ne t'inquiète pas. Fais-moi confiance, il y aura de la neige pour toi comme lors de notre promenade à Saint-Pétersbourg. »

Il m'a regardé, incrédule, et m'a souri, avant de partir se préparer pour le spectacle. Pendant la première partie, je suis monté sur la toile du chapiteau avec un technicien et un énorme sac de confettis de neige. C'était un peu casse-cou sur cette toile mouillée, mais le jeu en valait la chandelle. Nous avons ouvert le rebord de la coupole et j'ai attendu que Slava commence son numéro. Je le connaissais par cœur et, juste au moment opportun, j'ai laissé tomber les flocons, qui se sont mis à descendre tout doucement pour arriver sur lui, qui n'en revenait pas. Après le spectacle, il m'a remercié chaudement et m'a dit: «Toi, être un vrai. Aimer les clowns beaucoup!»

Selon son contrat, Slava devait faire son numéro jusqu'à la fin des représentations à New York et, quand il partirait, nous tenterions, comme pour David Shiner dans *Nouvelle expérience*, de lui trouver un remplaçant. C'est Slava qui l'a trouvé, et la façon dont il l'a déniché en dit beaucoup sur le personnage. Un jour, à New York, il est monté dans un taxi conduit par un Russe. Les deux hommes ont un peu parlé, et Slava a appris que ce chauffeur de taxi avait étudié le mime à l'École de cirque de Moscou et qu'il avait travaillé pendant vingt ans avec le Théâtre de la Taganka, à Moscou, avant d'être renvoyé pour avoir rejoint les rangs d'une association pacifiste. C'est alors qu'il était débarqué à New York et qu'il était devenu chauffeur de taxi. Il s'appelait Yuri Medvedev. Slava l'a invité au spectacle. Après le *show*, il lui a demandé s'il était prêt à apprendre son numéro pour le remplacer. Touché par le spectacle, qui lui rappelait ses années artistiques en Russie, Yuri a accepté d'essayer. Slava faisait son numéro les fins de semaine, et son élève prenait la relève pendant la semaine. Slava a développé le personnage de Yuri, le costume, l'attitude et l'expression. Yuri a fait le numéro de la tempête de neige pendant des années tandis que Slava touchait ses droits d'auteur comme créateur du numéro.

CHEVAL THÉÂTRE

Les chevaux me passionnent depuis l'enfance, mais mon rêve d'un spectacle équestre date de la fin des années 1980, quand, à Avignon, Guy Laliberté et moi avons vu un spectacle de Bartabas, le fondateur du spectacle équestre *Zingaro*. Le spectacle était conçu comme un cabaret, avec des chaises, des tables et de l'encens, et, au milieu de ce décor, des numéros de chevaux. C'était magnifique, avec un esprit très tzigane. Nous avions tenté d'intégrer des chevaux dans *O*, mais Steve Wynn avait refusé.

Quand j'ai pris la décision de faire mon *show* de chevaux, j'étais directeur artistique du Cirque depuis douze ans. Pour moi, c'était l'occasion de marquer la fin d'un cycle et le début d'un autre. Donc, après *Dralion*, je suis parti faire *Cheval Théâtre*. J'aurais aimé le monter avec le Cirque, mais les gens du marketing ne voulaient pas que celui-ci s'implique dans un spectacle avec des animaux. Ils disaient que le *branding*, la marque, aurait été altéré. Dommage… Je suis donc parti avec mes économies. Des amis, dont Guy, ont embarqué avec moi dans le montage de cette grosse machine. J'étais producteur et metteur en scène. Normand Latourelle, qui fera plus tard *Cavalia*, voulait que nous le fassions ensemble, mais je n'étais pas chaud à cette idée. Quand il a su que Guy était impliqué, il a laissé tomber.

Avant que mon rêve prenne forme, je me suis renseigné sur ce qui se faisait avec des chevaux dans le monde. J'ai lu plusieurs livres sur le sujet, consulté des gens qui travaillaient avec des chevaux et je suis allé en Europe pour demander conseil à mes amis du cirque Knie, qui se produisaient avec des chevaux. Ils m'ont dit qu'il me faudrait une trentaine d'animaux, et qu'ensuite, j'aurais besoin d'une équipe d'une trentaine de personnes. Tous ces animaux et tous ces gens devaient évidemment être nourris et logés. La facture montait très vite! Avant d'avoir vendu un seul billet, l'entreprise me coûtait 100 000 $ par semaine. C'est plus tard que j'ai appris l'expression : « Si tu veux gagner des millions avec des chevaux, il faut d'abord être milliardaire. » Ce que je n'étais pas!

Pour monter le squelette du spectacle, je me suis rendu en France afin de trouver des chevaux et des cavaliers. J'ai aussi engagé des artistes qui avaient déjà des chevaux, comme Stéphane Simon, un cascadeur équestre, et plusieurs autres. Aux États-Unis, j'ai trouvé Igor Kassaev et sa troupe de cavaliers cosaques de Géorgie. Je voulais ce qu'il y avait de mieux pour la conception, entre autres Michel Crête à la scénographie et François Barbeau aux costumes. J'ai aussi impliqué mes trois fils, qui avaient travaillé plusieurs années pour le Cirque du Soleil, mais seuls Olivier et Bilbo partiront en tournée avec *Cheval Théâtre*. De façon tout à fait instinctive, je pensais à une tournée, pas à un spectacle fixe. En même temps, j'étais complètement dans l'inconnu. Je voulais célébrer la noblesse du cheval et l'importance qu'il a eue dans la vie des humains. Ceux qui ont des chevaux vivent avec eux du matin jusqu'au soir. Si l'Homme n'avait pas réussi à domestiquer le cheval, il ne serait pas où il est aujourd'hui. Dans l'œil d'un cheval, il y a toute la mémoire du monde. Je voulais mettre en valeur tous ces aspects. J'ai imaginé une bande de gitans qui vivent avec des chevaux et débarquent sous le chapiteau pour nous présenter le lien privilégié qu'ils entretiennent avec eux. Je voulais montrer les prouesses humaines, mais également les prouesses équines. C'était la colonne vertébrale de mon spectacle.

Michel et moi avons commencé à imaginer le chapiteau. Je savais que je ne voulais pas d'un chapiteau de cirque ordinaire. Guy St-Amour s'est joint à nous pour le dessiner, et nous avons eu un chapiteau rond, avec quatre mâts, mais sans coupole classique. Michel pensait y voir un vieux château bordelais avec les quatre pointes qui montaient vers le ciel. C'était normal, nous avons eu cette idée en voyant une étiquette de vin de Bordeaux! Il a alors engagé une équipe pour peindre la toile en y reproduisant les teintes des murs de crépi et des toits d'ardoise verte des grandes demeures du sud-ouest de la France. Le tour de piste, dessiné par Michel, était en métal perforé et illuminé de l'intérieur comme une lanterne. C'était très beau. Une des quatre tentes abritait l'écurie et les spectateurs la traversaient pour entrer et sortir, à la fin du spectacle. Je voulais qu'ils voient les chevaux et qu'ils puissent parler avec les artistes. Les spectateurs aimaient beaucoup approcher ces magnifiques bêtes et pouvoir poser des questions sur elles à ceux qui s'en occupaient.

Les artistes de *Cheval Théâtre* venaient du milieu équestre et du monde de la performance, mais pas obligatoirement du cirque. Les cosaques étaient venus avec leurs chevaux, les Français faisaient de la voltige à cru – un groupe de filles le faisait aussi –, et les Italiens jonglaient à cheval. Il y avait six chevaux en liberté, dressés pour obéir à la voix et au mouvement du dresseur, et un cheval qui faisait un numéro clownesque en s'asseyant par terre. Composée par Bernard Poirier, la musique était jouée *live* par six musiciens.

Nous avons monté notre chapiteau à l'hippodrome de Montréal où, à l'époque, il y avait encore des courses de chevaux. Notre première a eu lieu en mai 2001. Les critiques ont été élogieuses, et les salles, bien remplies. Nous avons joué à Québec, sur le terrain de l'Université Laval, et la réception, là aussi, a été très bonne. Mon rêve se réalisait. Ensuite, nous sommes partis jouer à Denver, au Colorado, et j'étais très content parce que la prévente des billets allait très bien. Et puis, le 11 septembre est arrivé, et tout s'est écroulé. Les gens qui avaient des billets ne se présentaient pas au spectacle, ils restaient rivés devant leur téléviseur à écouter les nouvelles en continu. Notre équipe était sous le choc. Les techniciens, les artistes, les palefreniers : tout le monde pleurait. Nous étions comme en guerre. Nous avons dû annuler des représentations et écourter notre passage à Denver. Nous sommes ensuite allés jouer à San Diego. Les salles étaient à peine remplies à 50 % et l'ambiance était morose. Les frais s'accumulaient de jour en jour…

Je ne savais pas quoi faire. Guy Laliberté m'a suggéré d'aller voir Bobby Baldwin à Las Vegas. Je lui ai demandé si nous pouvions nous installer à l'arrière du Bellagio, là où il y avait d'immenses stationnements. Il a généreusement accepté, et nous a même fourni l'électricité. Je lui ai aussi demandé s'il pouvait m'aider à promouvoir le spectacle. Il a encore dit oui en investissant 150 000 $ en publicité. Ce qui nous a sauvés. Nous avons joué pendant six semaines et la fréquentation était correcte ; 11 septembre ou pas, les gens continuaient à venir à Las Vegas. J'ai réinjecté de l'argent, Guy aussi. Mon ami Franco Dragone est venu nous prêter main-forte quand nous avons fait la remise en piste à Costa Mesa. Le spectacle a très bien fonctionné. Nous l'avons aussi présenté à San Jose puis à Nashville, et nous avons fini l'année en retournant à Las Vegas. Malgré tous nos efforts, le bilan de fin d'année n'était pas reluisant. Certaines villes avaient été plus profitables que d'autres, mais il était évident que nous ne récupérerions jamais le déficit. Quand les représentations à Vegas ont été terminées, j'ai mis la clé dans la porte parce que je n'avais plus d'argent. Je suis allé voir la banque, et j'ai déclaré faillite. Après deux ans, les contrats des artistes étaient arrivés à échéance, et l'aventure de *Cheval Théâtre*, aussi.

Le Cirque du Soleil a acheté le chapiteau, et j'ai acheté les chevaux et les équipements. Je me suis dit qu'il y aurait peut-être moyen de créer quelque chose d'autre. C'est ce que j'ai fait, quelques années plus tard, avec le spectacle équestre *Saka*. En attendant, je devais digérer l'échec de *Cheval Théâtre* et comprendre pourquoi j'avais échoué. Je ne pouvais pas tout mettre sur le dos de ben Laden ! Après mûre réflexion, j'ai réalisé que j'étais avant tout un créateur et que je n'avais pas été un producteur suffisamment solide. J'avais respecté mon engagement envers les artistes et je m'étais arrangé pour qu'ils ne soient pas trop pénalisés, mais un producteur mieux aguerri aurait probablement réussi à mieux tirer son épingle du jeu. J'avais cinquante-trois ans, et ce n'était pas la grande forme.

Je me demandais vraiment ce que je pourrais faire pour surmonter cette sensation de naufrage. J'ai également vu les limites du spectacle équestre. Comme nous ne vivons plus dans un monde hippique, il est difficile de faire apprécier à un public ce que font les chevaux à leur juste valeur. Pour beaucoup de gens, c'est comme retourner dans le passé. Quand les chevaux étaient présents dans la vie quotidienne, ces bêtes magnifiques suscitaient notre enthousiasme. Aujourd'hui, on s'enflamme pour une Porsche ou une Ferrari! Pour impressionner le public, il faut ajouter des numéros de cirque, ce qui dénature l'essence même d'un spectacle équestre. Je me suis dit que j'avais mené mon expérience chevaline jusqu'au bout.

Je crois aussi avoir été un peu prétentieux de penser que je pouvais tout faire: producteur, financier et metteur en scène avec un sujet que je connaissais peu au départ. Mon amour pour les chevaux n'était pas suffisant. J'aurais dû, comme tout bon entrepreneur, y aller graduellement et bien m'entourer. J'avais autour de moi des gens d'expérience en financement, mais des néophytes en marketing, en communication, en développement de marché. Le 11 septembre a été un choc pour tout le monde. Même les grandes compagnies comme le Cirque du Soleil, qui a dû attendre un moment avant que les affaires reprennent vraiment. Alors, pour une jeune compagnie comme la mienne... Je remercie Guy de m'avoir épaulé, d'avoir été présent, d'avoir investi dans cette aventure, et d'autres amis comme Franco Dragone, Daniel Gauthier et Ginette Bergeron. Ma sensation d'échec venait aussi de l'impression d'avoir un peu trahi la confiance de ces gens-là. J'étais passionné par ce projet, qui n'avait jamais été fait en Amérique du Nord. J'étais gonflé à bloc par mes succès au Cirque, tout le travail que j'y avais accompli et mes connaissances artistiques. Le nerf de la guerre n'était pas de créer un spectacle, mais de le vendre. Sur ce plan, je n'ai pas été un bon producteur. Je n'ai pas su m'entourer des bonnes personnes. Guy a été très *fair-play* en me proposant de revenir au Cirque et en me confiant le projet avec les Beatles. C'est *LOVE* qui m'a sorti de ce marasme. Nos échecs nous forment, ils nous montrent nos limites et la hauteur des défis que nous pouvons relever. Aujourd'hui, je suis beaucoup plus sobre et méticuleux dans mon choix de défis!

Par contre, du positif est ressorti de cette folle aventure. Presque tous les techniciens de *Cheval Théâtre* ont travaillé au Cirque du Soleil. Quand l'un d'eux me dit: «Gilles, c'est grâce à toi si je suis ici», je lui réponds que c'est grâce à *Cheval Théâtre*. C'est un spectacle qui a beaucoup touché les gens. C'était un beau *show*, une belle épopée.

LOVE

Si quelqu'un m'avait dit, lorsque j'étais adolescent, que je rencontrerais un jour George Harrison, je ne l'aurais pas cru. Et pourtant, c'est le premier des Beatles que j'ai rencontré, lors d'une de ces fameuses fêtes privées que Guy donnait chaque année à l'occasion du Grand prix de Formule 1. George était un passionné de course automobile. Guy me l'a présenté, et George m'a demandé :

« Vous aimez la Formule 1 ?

— Non, pas vraiment, je suis plutôt dans le show-business.

— Alors, on travaillera peut-être ensemble… »

C'est ainsi que j'ai rencontré mon « premier » Beatles. J'étais très ému. La fête battait son plein et, au cours de la soirée, je me promenais sur la grande pelouse quand j'ai vu George, assis devant la petite scène, sous un arbre, où se produisait la Fanfare Pourpour. Un membre du groupe m'a demandé si c'était vraiment George Harrison. J'ai acquiescé. George s'est approché du guitariste, Luc Proulx, un ami de longue date, et lui a demandé s'il pouvait emprunter son instrument.

Luc n'en croyait pas ses yeux. George Harrison s'est mis à *jammer* avec les musiciens de Pourpour. Et moi, j'étais bouche bée à regarder cet homme, qui avait tellement fait partie de mes aspirations d'artiste quand j'étais adolescent, jouer de la guitare à deux pas de moi.

À la suite de cette soirée, Guy a demandé à George si les Beatles avaient déjà songé à faire un spectacle inspiré de leur musique. Il lui a répondu que non. Guy lui a alors proposé de voir nos spectacles à Las Vegas en lui disant que le Cirque aimerait en créer un avec la musique des Beatles. George et sa femme Olivia, Paul McCartney et sa compagne Heather ont vu *O* et l'ont beaucoup aimé. Plus tard, Yoko Ono et son fils Sean ont eux aussi vu le spectacle, à l'invitation d'Olivia Harrison.

En décembre 2000, George a proposé une réunion de l'*Apple board*, à Londres, pour nous rencontrer et discuter d'une possible collaboration. À cette époque, les Beatles étaient représentés par Neil Aspinall, un ami d'enfance de Paul et John, qui était d'une loyauté féroce envers les Beatles. Plusieurs années *road manager* du groupe, il était devenu, en 1968, le premier directeur d'Apple. Toutes les décisions impliquant le groupe devaient être approuvées par ce *board* composé des trois Beatles survivants, de Yoko Ono et de Neil. La plupart du temps, leurs représentants légaux assistaient aux réunions, mais, cette fois-ci, Paul, George et Ringo étaient présents. C'est peut-être une des dernières fois où ils ont été réunis puisque George est décédé peu de temps après, en novembre 2001.

En entrant dans la salle, Ringo a demandé à Guy :

« *So, what's the pitch ?*

— Il n'y en a pas. J'ai parlé avec George de notre intérêt de faire un spectacle avec votre musique. C'est votre musique, donc c'est avec vous que nous voulons faire un spectacle. On va respecter ce que vous avez créé et essayer de mettre des images sur votre musique. Si vous nous donnez la permission de procéder, on serait prêts à développer un concept et à vous faire un *pitch*, à ce moment-là. »

Il y a eu beaucoup de questions de part et d'autre, mais tout s'est bien passé. Tout le monde s'est entendu sur une idée de base, simple et forte, d'un spectacle créé à partir de la musique des Beatles. Rien de plus, rien de moins. Avec la musique au cœur du projet, sans éléments biographiques, et surtout pas de «personnificateurs» des Beatles. Il fallait maintenant développer un concept et le faire approuver par le *board*.

Guy Laliberté a approché Franco Dragone pour la mise en scène et il m'a demandé de diriger la conception. Nous avons eu quelques rencontres avec Franco, qui avait maintenant sa propre maison de production en Belgique. Il souhaitait faire une coproduction avec le Cirque et il en a discuté avec Guy. Michel Crête, complice depuis plus de dix ans et alter ego de Franco à la scénographie, était très allumé par le projet. Je me suis mis en mode recherche et me suis rendu à la source même du phénomène Beatles, à Liverpool. J'ai marché dans la petite Matthew Street, devant le Cavern Club, là où, au début des années 1960, des milliers d'adolescentes, *fans* des Beatles, avaient attendu en file pour assister à l'un de leurs spectacles, à l'heure du lunch. Au troisième sous-sol de l'édifice, là où sont «nés» les Beatles, j'ai assisté au festival annuel *Beatles Week*. Plusieurs groupes d'imitateurs jouaient des succès de différentes époques des Fab Four. Le plafond voûté était très bas, les murs en pierre, et la scène toute petite, haute d'à peine 40 centimètres. Coincé dans cet espace restreint, le public dansait au rythme de cette musique *beat*, qui a séduit le monde entier. Toute une expérience! Je me suis rendu sur Penny Lane, à Strawberry Field, à la maison de la tante Mimi de John Lennon, préservée par Yoko, à celle des parents de Ringo, à l'école de Paul et George ainsi que sur la tombe d'Eleanor Rigby. C'était comme voyager dans le temps et dans l'imaginaire des Beatles, et sentir l'inspiration des personnages qui ont peuplé leurs chansons. Je me suis ensuite rendu aux studios d'Abbey Road, à Londres. J'ai aussi obtenu le droit d'aller sur le toit de leur maison de production sur Savile Row, là où leur dernier spectacle public a été filmé, et où, aujourd'hui, se trouvent les bureaux d'une compagnie d'assurance. Pour monter jusqu'au toit, j'ai traversé des pièces où il y avait encore des œuvres de Yoko, que John avait accrochées aux murs, et que personne n'avait touchées. C'était très émouvant. J'ai aussi été très ému quand je suis arrivé sur le toit. Je n'avais jamais réalisé à quel point ce lieu était exigu, comme un théâtre de poche à ciel ouvert. J'étais seul et j'imaginais ce moment, en janvier 1969, où ils avaient joué ensemble pour la dernière fois. J'étais rempli de ces images et je me suis dit: «C'est ici qu'ils nous ont laissés, c'est la dernière image que nous avons d'eux. Il faut concevoir le spectacle à partir du lieu où ils nous ont quittés.»

Rentré à Montréal, j'ai parlé de Liverpool à Michel Crête. Je lui ai raconté Abbey Road, le toit, ce monde des Beatles et ces fantômes musicaux qui peuplent notre imaginaire. Il m'a dit qu'il sentait que, si nous faisions ce spectacle, ces personnages reprendraient vie. Chacun de nous les imagine:

Lady Madonna, Lucy, Michelle, le sergent Pepper, Prudence, le Walrus, etc. Nous avons donc imaginé que le cœur du spectacle serait porté par ces personnages et que nous partirions du toit de Savile Row. C'est ainsi que le concept de *LOVE* est né.

Une question me taraudait : «Comment utiliser la musique des Beatles?» Il n'était pas question d'engager un groupe d'imitateurs. J'étais persuadé que, seules, leurs interprétations originales devaient être utilisées, mais il ne fallait pas que ça ressemble à un spectacle-hommage aux Beatles. J'ai eu l'idée de remixer les bandes originales de leur musique pour les offrir au public d'une façon un peu différente. Nous ne pouvions évidemment pas transformer les chansons − nous nous serions fait massacrer ! −, mais y ajouter de temps en temps un détail sonore qui respecterait l'original tout en lui donnant une autre couleur. Guy et Neil Aspinall ont trouvé que c'était une bonne piste à explorer, et ils m'ont dit de leur présenter des exemples. J'ai demandé à un ami, Bernard Falaise, de s'occuper du remixage. J'ai ensuite présenté six pièces à Neil. Il a compris ce que je voulais faire, mais il m'a dit : «Nous allons nous occuper du remix en utilisant seulement les bandes originales.» Il m'a proposé de travailler avec George Martin pour présenter une maquette sonore au *board*. En 2004, je suis donc retourné à Abbey Road, cette fois-ci accompagné de Georges Martin. J'étais très heureux de rencontrer le «cinquième Beatles», un homme charmant, un grand sage, vif et drôle. Il est resté un ami jusqu'à sa mort, en mars 2016.

George a écouté la musique que j'avais fait remixer. Il a aimé ce qu'il a entendu et il s'est mis au travail. Deux semaines plus tard, il m'a fait écouter un remixage où la ligne de *drum* de Ringo, à la toute fin du disque de *Sgt. Pepper's*, était plaquée par-dessus celle de *Get Back*. L'effet était saisissant. Je lui ai demandé s'il l'avait fait écouter à Ringo ou à Paul. Il m'a répondu qu'il voulait d'abord me le faire entendre et savoir ce que j'en pensais. J'étais très flatté. Je lui ai dit que c'était exactement ce que j'avais en tête, ce qui, d'après moi, plairait aux *fans* : une nouvelle musique qui respectait l'original. Je lui ai demandé quand il pensait le faire écouter à Paul, et il m'a répondu sans hésitation : « Pourquoi pas maintenant ? Il est ici, dans le grand studio en bas, en train d'enregistrer avec ses musiciens pour son prochain album. Je vais le chercher. »

Je ne m'attendais pas à ça. Quand McCartney est entré dans la pièce, je me suis levé pour lui serrer la main, mais je suis retombé sur ma chaise. Moi qui admirais tant les Beatles, et qui, à quatorze ans, voulais devenir bassiste comme Paul, j'avais les jambes comme de la guimauve. J'étais vraiment sonné. Paul McCartney m'a regardé droit dans les yeux et m'a demandé :

« Est-ce que ça va ?

— Oui, oui, c'est juste que je suis un peu en état de choc. Je ne m'attendais pas du tout à vous rencontrer aujourd'hui.

— C'est correct. J'ai tendance à faire cet effet sur les gens qui me rencontre pour la première fois, a-t-il répondu avec beaucoup d'humour. »

C'était comme rencontrer le Dalaï-Lama – cela m'a d'ailleurs fait le même effet quand je l'ai rencontré ! Le fait que Paul McCartney apparaisse d'un seul coup devant moi, c'était réel et magique tout à la fois, comme si deux dimensions, la sienne et la mienne, fusionnaient. Ce fut un des instants marquants de ma vie, l'un de ces moments où j'ai senti que je vivais quelque chose de vraiment unique. J'ai repris mes esprits assez vite et Paul a écouté ce que George Martin avait fait. Il a beaucoup aimé. Il nous a dit : « C'est exactement ça. Poussez l'idée plus loin. Il y a tellement de matériel que tu peux revisiter. *Go, George, go* ! »

Ensuite, Yoko et Olivia ont approuvé l'idée, et Ringo nous a fait savoir par Neil que, comme d'habitude, si Paul aimait ça, il aimait ça !

À partir de ce moment, George Martin et son fils Giles ont été officiellement autorisés à numériser toutes les pistes de la musique des Beatles, ce que les gens d'Abbey Road appelaient « les joyaux de la couronne ». C'était une permission vraiment hors de l'ordinaire parce que, chez EMI, au studio Abbey Road, la musique des Beatles était conservée dans un coffre-fort, qui ne servait qu'à cet usage, et une seule personne y avait accès. Dans les années 1960 et 1970, beaucoup de copies de pistes sont apparues sur le marché noir des disques pirates. EMI et Apple ont dû resserrer leur façon de protéger la musique originale des Beatles. Pour les besoins de notre spectacle, un studio spécifique a été créé pour éviter que la musique ne sorte d'Abbey Road. Quand nous avons mixé au Québec, il y avait un coffre-fort dans le studio d'Alain Vinet où les pièces finales mixées et les pistes numérisées étaient entreposées chaque soir. Quand nous entrions dans nos espaces de répétition, nous devions laisser nos cellulaires à la porte pour qu'il n'y ait aucune fuite possible sur Internet. Plus tard, lors des répétitions à Las Vegas, ces pistes précieuses étaient conservées dans une chambre forte située au bout d'un incroyable dédale. Dès qu'elles devaient être déplacées, un garde du corps les accompagnait. Je me demande si les vrais joyaux de la couronne sont entourés d'autant de précautions !

À cette étape du travail de préparation, il fallait que je confirme une équipe de créateurs. Franco Dragone devait faire la mise en scène. Nous nous sommes rencontrés dans le sud de la France pour en discuter, mais il était très occupé par le premier *show* de Céline Dion à Las Vegas. De plus, la proposition de Franco de faire une coproduction avec le Cirque n'intéressait pas Guy. Nous avons donc choisi de travailler avec Dominic Champagne, qui avait déjà mis en scène *Varekai*, un spectacle de chapiteau. Il aurait préféré faire un autre *show* de chapiteau, mais Guy l'a convaincu qu'il aurait beaucoup plus de plaisir, de latitude et de possibilités créatives dans un théâtre. Ensuite, il a fallu trouver un autre scénographe parce que Michel Crête s'est désisté quand il a appris que Franco ne ferait pas la mise en scène. Il n'avait rien contre Dominic Champagne, mais le lien créatif entre Michel et Franco était si fort qu'il ne se voyait pas collaborer avec quelqu'un d'autre. Il a été très généreux lors de notre rencontre avec Dominic en lui disant qu'il pouvait utiliser à sa guise tout ce que lui et moi avions déjà fait. Pour remplacer Michel, j'ai engagé Jean Rabasse, un scénographe français qui avait beaucoup travaillé avec le chorégraphe Philippe Découflé et au cinéma, avec qui je souhaitais collaborer depuis longtemps.

Après avoir discuté avec Jean de l'idée de retourner sur le toit de Savile Row pour le spectacle, nous avons conçu un espace qui ressemblait à un croisement entre un terrain de tennis et une piste de cirque. Je ne voulais pas de théâtre à l'italienne. Je savais qu'il fallait que les spectateurs puissent danser, s'ils le voulaient, mais sans bloquer la vue des gens derrière eux. Pour cette raison, les gradins autour de la scène devaient avoir une pente assez prononcée. Je voulais aussi que les spectateurs se sentent comme tous les voisins sur les toits autour de Savile Row, témoins, en 1969, de la dernière performance des Beatles. J'ai rencontré Bobby Baldwyn, grand patron du MGM de Las Vegas, et je lui ai expliqué que nous avions une entente exclusive avec les Beatles, que nous étions en train de concevoir un spectacle à partir de leur musique et que nous cherchions un lieu. Je lui ai parlé de notre concept. Je lui ai montré les croquis fournis par Jean Rabasse, lui expliquant que les coulisses seraient en dessous de la scène et que les artistes sortiraient du sol ou descendraient du ciel, et que ce serait extraordinaire. Bref, j'ai fait mon *pitch* créatif!

«Est-ce que ce genre de théâtre existe? m'a demandé Bobby Baldwyn.

— Non, pas vraiment. Il y a des théâtres ronds, mais ce sont des lieux qui ont été adaptés, qui n'ont pas été conçus ainsi au départ.

— Et ça coûterait combien à construire?

— Notre équipe évalue le coût de construction à 60 millions de dollars. C'est cher, mais c'est unique.

— Est-ce qu'on aurait l'exclusivité des Beatles?

— Oui, l'exclusivité pour l'Amérique du Nord.

— Je vais demander à mon équipe d'évaluer le coût de construction et je te reviens.»

Même s'il n'y avait pas un engagement ferme de Bobby Baldwyn, je sentais bien qu'il était intéressé par un *show* des Beatles. Suffisamment intéressé pour que nous passions à l'étape suivante. J'ai réuni l'équipe de créateurs et je les ai amenés en Angleterre. Je voulais qu'ils voient les lieux d'origine des Beatles. Notre joyeuse équipe est donc partie pour Londres : Dominic Champagne, Jean Rabasse, Philippe Guillotel, le concepteur des costumes, Yves Aucoin, l'éclairagiste, Michel Granger, le directeur de production, Guy St-Amour, responsable des gréements acrobatiques, et Chantal Tremblay, directrice de création. Après Liverpool, les studios Abbey Road et Savile Row constituaient les prochaines visites. Ce jour-là, je leur dis que je les rejoindrais dans le hall d'entrée de l'hôtel parce que j'attendais un appel de Bobby Baldwin, qui devait me donner sa réponse sur le financement de la construction du nouveau théâtre circulaire. Bobby m'a appelé. Il m'a dit que son équipe avait évalué les coûts de construction à 100 millions de dollars, mais qu'il voulait que ce spectacle unique soit créé dans un de ses casinos. Au milieu des années 1990, le théâtre construit pour *O* avait coûté 60 millions de dollars. Huit ans plus tard, celui de *LOVE* coûterait finalement 110 millions. J'étais fou de joie. J'ai raccroché et je suis allé rejoindre les autres, la mine basse et la voix dans les talons. Je leur ai dit que Baldwin trouvait les coûts trop élevés et qu'il préférait un théâtre plus conventionnel.

« C'est qui cet enfoiré d'Américain ?! s'est exclamé Guillotel.

— Mais il ne se rend pas compte de ce qu'il a entre les mains, a dit Rabasse.

— On doit l'amener ici, il faut qu'il comprenne notre vision, a lancé Champagne.

— On va filmer sur le toit de Savile Row et on lui montrera, leur ai-je dit. »

Nous sommes donc tous partis pour Savile Row et, sur le toit, je leur ai dit que c'était une blague, que Bobby Baldwin était d'accord pour construire notre théâtre. Je voulais les tenir en haleine jusque-là, et qu'ils apprennent la bonne nouvelle sur le toit. C'est mon côté metteur en scène! Ils ont crié de joie et m'ont traité de tous les noms, ils m'ont attrapé et m'ont presque jeté en bas du toit!

Maintenant que nous avions notre équipe, notre concept et notre théâtre, il fallait choisir les chansons et faire approuver nos choix par le *board*. J'ai envoyé à chacun de ses membres une liste d'une trentaine de chansons, représentatives du nombre de pièces composées par chacun des Beatles. Ensuite, il fallait faire approuver le traitement que nous voulions leur donner. Paul et Olivia m'ont envoyé leurs commentaires. Ringo a dit que «Si Paul aime ça...», mais Yoko m'a fait savoir qu'elle voulait qu'on en parle. Je suis donc allé, avec Dominic Champagne, la rencontrer au bureau d'Apple, à Londres. Ce fut une rencontre assez mouvementée parce que Yoko ne prend pas de détour pour dire ce qu'elle pense. C'est une artiste, une vraie, avec l'ego qui vient avec. Selon elle, toutes les chansons qui avaient été composées avant qu'elle ne soit avec John n'avaient pas leur place dans le spectacle, des classiques comme *Help* et *I Wanna Hold Your Hand*, par exemple.

«Pourquoi devrait-on mettre ça dans le *show*? m'a-t-elle lancé.

— On ne fait pas une rétrospective historique, mais il faut offrir ces chansons aux *fans*. Et puis, *Help* est un moment important dans l'évolution des Beatles, c'est un cri à l'aide de John sur ce qui se passait dans sa vie à ce moment-là, et les tournées épuisantes que le groupe multipliait.

— C'est ce que vous pensez. Laissez-moi vous dire que ce *show* est plus grand que vous. Alors, mettez vos analyses et votre ego de côté et laissez parler les chansons.

— C'est ce qu'on essaie de faire... Quelles chansons choisiriez-vous ?

— Celles des dernières années.

— Vous comprenez que, dans le spectacle, il faut qu'on illustre toutes les époques et qu'on représente chaque membre à parts égales.

— Oui, je comprends bien. Paul choisira ses chansons, mais, moi, je représente mon mari. J'aimerais donc que ses chansons que je préfère soient dans le spectacle et j'accepte qu'il y en ait quelques-unes plus anciennes. »

Finalement, la rencontre a été très productive parce que nous en étions arrivés à la conclusion que les chansons les plus anciennes étaient moins intéressantes pour le remixage parce qu'elles avaient été enregistrées sur une ou deux pistes, et aussi parce qu'elles mettaient en scène peu de personnages. Elles sont plutôt représentatives d'une époque. Nous avons donc fait un super *medley* des premiers succès afin de pouvoir illustrer Liverpool, les années d'après-guerre et les débuts des Beatles. Et ça fonctionnait très bien.

Un des gros défis de ce spectacle était de présenter des numéros acrobatiques sur des chansons de trois à quatre minutes. C'était la première fois que nous en faisions un avec des pièces musicales déjà existantes. Ce qui n'a pas été évident. Il fallait sentir une parenté d'esprit, une ambiance commune, sans que ce soit trop illustratif. La création de ce spectacle a aussi été ardue parce qu'il y avait beaucoup de politique interne, du tordage de bras entre EMI et Apple, des poursuites entre Apple et Steve Jobs, et, bien sûr, des rapports tendus entre Paul et Yoko, qui ne s'étaient pas parlé depuis des années. De notre côté, nous devions créer un spectacle au milieu de la tourmente et, certains jours, nous nous demandions si nous allions y arriver. Mais Neil Aspinall y croyait et il nous rappelait qu'au départ, ce spectacle avait été l'idée de George Harrison, et que c'était une manière de lui rendre hommage.

La prochaine étape importante a été d'obtenir les droits sur la musique, qui n'appartenaient plus aux Beatles, mais à Sony, à EMI et à Michael Jackson. Ces trois entités voulaient toucher un pourcentage du prix de chaque billet vendu pour les chansons utilisées. Ce qui donnait des coûts astronomiques. Ce fut une négociation à n'en plus finir, menée par Apple. Un jour, Neil Aspinall nous a dit que nous ne pourrions pas faire le spectacle parce que EMI bloquait et refusait catégoriquement de bouger. En réalité, EMI négociait en coulisses avec Steve Jobs parce que ce dernier voulait obtenir la musique des Beatles sur iTunes, et EMI avait besoin du consentement d'Apple. Les relations entre Neil Aspinall et Steve Jobs étaient très tendues. Quand Jobs avait fondé sa compagnie, Apple l'avait poursuivi pour vol de nom de marque et de logo et, après de nombreuses tractations légales, une entente avait été conclue selon laquelle Jobs pouvait utiliser le nom d'Apple et l'image de la pomme, mais qu'il ne pouvait pas les utiliser dans un domaine relié à la musique. Et avec la création d'iTunes, il allait à l'encontre de cette clause, ce qui mettait Neil Aspinall hors de lui. Il disait que Jobs voulait la musique des Beatles uniquement pour vendre ses iPod. Le spectacle se retrouvait donc dans une tempête qui allait peut-être le faire couler. Et nous ne pouvions rien faire.

Cette bataille juridique a duré plus d'un an et demi. Pendant ce temps, les plans du théâtre avançaient et notre équipe de création travaillait sur la conception sans savoir si un spectacle allait voir le jour. Finalement, Apple a passé une entente avec EMI, mais ce n'est pas parce que Neil Aspinall avait cédé devant Steve Jobs. En 2008, Neil est décédé et Apple a eu un nouveau directeur pour la première fois depuis quarante ans. C'est lui qui a accepté que la musique des Beatles soit vendue sur iTunes.

Yoko Ono est venu voir les répétitions avec Olivia Harrison. Nous lui avons présenté un extrait du spectacle et elle ne l'a pas aimé. Elle trouvait que c'était trop théâtral et pas assez musical. Dominic Champagne était dans tous ses états, et il m'a demandé d'aller la voir. Je l'ai rassuré en lui disant que nous étions en plein processus créatif et que nous cherchions le ton juste. En fin de compte, Yoko Ono m'a dit: «Vous travaillez là-dessus depuis des années. Comment se fait-il que vous cherchiez encore? Olivia et moi avons confiance que vous allez trouver, mais ce n'est pas ce que je viens de voir!»

Au fil des années, j'ai appris à apprécier Yoko Ono. Lorsque je l'ai rencontrée chez elle, au Dakota, dans l'Upper West Side de New York, j'étais devant le piano à queue blanc de John Lennon, qui trônait au milieu du salon, et je lui ai demandé si son mari lui manquait beaucoup. Elle m'a répondu: «Non, parce qu'il est toujours avec moi.»

J'ai fait une présentation du concept et du choix musical à Olivia Harrison et à son fils Dhani. Je suis allé les rencontrer au Friar Park, en Angleterre, un somptueux château néo-gothique que George avait acheté en 1970, après la sépara-tion des Beatles. Un lieu vraiment hors de l'ordinaire. George s'était donné comme mission d'entretenir cette propriété et son parc de 25 hectares, qu'il adorait jardiner lui-même. Il y avait installé un studio d'enregistrement aussi perfectionné que celui d'Abbey Road. Olivia a beaucoup aimé le concept du spectacle, mais elle était mal à l'aise avec notre interprétation de certains personnages comme ceux d'Eleanor Rigby et du Sergeant Pepper qui se rencontrent sur la musique de *Something*. Elle les trouvait vieux et laids. Je lui ai expliqué que c'était une évocation de toutes ces rencontres manquées que nous avons tous connues au cours de nos vies, et que les spectateurs seraient émus par cette belle chanson de George qui raviverait leurs souvenirs. Je lui ai précisé que ces deux personnages étaient secondaires, un couple de danseurs qui évoluaient suspendus au-dessus de la scène. Elle a été rassurée.

Son fils Dhani m'a fait visiter le domaine, y compris les passages secrets qui s'y trouvent. Je lui ai demandé comment c'était d'avoir grandi avec un père comme le sien. Il m'a dit que, par moments, la pression pour qu'il réussisse était forte. Il m'a raconté qu'un jour, son père lui avait demandé ce qu'il voulait faire dans la vie. Il lui avait répondu qu'il ne le savait pas parce qu'il était encore jeune. En boutade, il avait demandé à son père ce qu'il faisait, lui, à son âge. Après une pause, George avait répondu: « *Sgt. Pepper...* » Voilà ce que c'était d'avoir un Beatles comme père !

Plusieurs moments mémorables ont marqué la production de *LOVE*. L'un des plus marquants a eu lieu le jour où Dominic et moi avons présenté le concept à Paul McCartney, dans son appartement new-yorkais. Il a beaucoup aimé nos idées et nous trouvait très respectueux tout en osant des images fortes. Nous nous sommes entendus sur les personnages et les chansons que nous allions travailler avec Giles Martin. Au moment de partir, Paul nous a demandé d'attendre une minute. Il est allé dans la salle à manger et il en est revenu avec deux pommes vertes qu'il nous a tendues en nous disant, avec un petit sourire en coin : « Voici, pour la route ! »

Je n'ai jamais mangé cette pomme, symbole de la compagnie Apple. C'était comme une approbation et une reconnaissance que nous faisions partie de sa famille. La pomme est encore dans une petite boîte, dans mon bureau. Au fil des ans, elle est devenue brune et toute flétrie, mais je la conserverai jusqu'à ma mort ! Cette anecdote résume assez bien Sir Paul McCartney. Son geste était simple, sincère, et sa gentillesse, réelle, mais il est toujours conscient que les autres le voient un peu comme un demi-dieu. Plutôt que de l'ignorer ou de faire une scène, il s'en amuse. Paul McCartney est, n'ayons pas peur des mots, un génie musical. Il est l'un des plus grands mélodistes, mais il est resté d'une totale simplicité. Sa rencontre a été l'une des plus importantes de ma vie professionnelle. Je remercie la vie de m'avoir permis de côtoyer cette idole de mon enfance et d'avoir pu constater que l'homme est vraiment à la hauteur de l'admiration que je lui porte.

LOVE a commencé en juin 2006, et l'accueil a été extraordinaire. Le soir de la première, nous sommes tous montés sur scène : Paul, Ringo, Yoko, Olivia, George Martin, son fils Giles, Guy, Dominic et moi. C'était un moment très touchant. Un moment où, une fois de plus, j'ai senti le « spécial » que la vie m'offrait… Nous avions réussi à créer un spectacle en hommage à la musique des Beatles, mais nous avions surtout réalisé la vision de George Harisson. Trente-cinq ans après la séparation du groupe, les Beatles et leurs représentants étaient réunis sur une même scène. C'était le sommet de ma vie professionnelle. J'avais cinquante-sept ans et je me demandais comment je pourrais surpasser ce moment magique.

UNE OMBRE SUR LE SOLEIL

LA PÉRIODE APRÈS *LOVE* A ÉTÉ MARQUÉE PAR LE DÉBUT DES tournées en aréna, l'une des étapes importantes dans l'histoire du Cirque du Soleil. Le premier spectacle à avoir été présenté dans des lieux aussi vastes a été *Saltimbanco*, en 2007, au Centre Bell. C'est Aldo Giampaolo, alors producteur exécutif au Cirque qui en a eu l'idée. Aldo et moi étions en Grèce. Il cherchait des spectacles pour une nouvelle division de diffusion de *shows*, qui ne seraient ni permanents ni sous chapiteau et qui pourraient être présentés dans des théâtres, à Broadway, par exemple, dans des lieux non traditionnels pour le cirque.

Nous mangions dans un restaurant quand Aldo m'a dit qu'il trouvait désolant que des shows aussi forts que *Saltimbanco* ou *Alegria* arrêtent de tourner. Je lui ai répondu que nous n'avions pas le choix parce que nous avions épuisé les lieux où les présenter.

«Donne-les-moi et je les fais jouer en aréna, m'a-t-il dit. Pas plus de trois ou quatre représentations par ville, et je vais les faire tourner pendant cinq ans. C'est sûr qu'il faudra les adapter, mais ça vaut la peine de l'évaluer.

— OK. Je t'appuie et on s'en reparle à Montréal. »

Les gens du *casting* et de la formation trouvaient le pari risqué parce que ce serait physiquement exigeant pour les artistes, mais, finalement, nous avons remonté *Saltimbanco*, sous la direction de Carmen Ruest, et la nouvelle version a été présentée pendant plusieurs années dans des arénas. À partir de ce moment, tous les spectacles créés par le Cirque sous chapiteau sont partis dans ce circuit de tournée d'arénas. La durée de vie des spectacles a été prolongée et les revenus ont connu une augmentation correspondante. Au départ, c'était une idée qu'Aldo avait lancée autour d'un verre de vin, dans un restaurant en Grèce, et elle s'est avérée excellente pour élargir le rayonnement des spectacles du Cirque du Soleil.

Cette période de grande croissance du Cirque s'est aussi manifestée par la mise en place de plusieurs nouvelles productions. Nous faisions jusqu'à trois nouveaux spectacles par année. Le rayonnement et les succès répétés que nous avions connus avaient créé une demande à laquelle nous avions décidé de répondre. La valeur de la compagnie augmentait, et les vice-présidents comme moi étaient fortement incités à multiplier les productions. C'est dans cette période complètement folle que le Cirque a connu, pour la première fois, plusieurs succès mitigés.

Après le triomphe de *LOVE*, je me suis demandé si je pouvais aller plus loin d'un point de vue artistique. C'est à ce moment qu'une compagnie qui détenait les droits des chansons d'Elvis Presley a rencontré le Cirque et lui a demandé s'il pouvait créer un *show* avec la musique du King. Personnelle-ment, cette perspective m'allumait moins que les Beatles, mais je me suis dit: « Pourquoi pas ? » J'ai fait un peu le même genre de recherches que celles que j'avais faites pour *LOVE*. Je suis allé à Nashville, j'ai visité Graceland, la célèbre maison-musée d'Elvis, et j'ai rencontré des gens qui l'avaient bien connu. J'ai été frappé à quel point cet homme avait été traité comme un dieu. Je connaissais, bien sûr, l'idolâtrie du public pour l'artiste, mais je ne pensais pas qu'elle existait à ce point dans son entourage, au quotidien. C'était un homme adulé qui n'avait pas de vie privée et qui travaillait beaucoup trop, car il ne supportait pas la solitude. Les gens qui s'occupent aujourd'hui de Graceland sont de vrais disciples, qui vivent comme si Elvis était encore vivant. Ils m'ont conduit dans des entrepôts où étaient conservés tous les meubles des différentes époques de la vie d'Elvis. J'ai vu des centaines de costumes de scène, mais aussi des vêtements de tous les jours, religieusement conser-vés, comme les reliques d'un saint. Tout était classé et daté selon l'époque, mais cela avait un côté très mystérieux, comme des souvenirs anciens dans le grenier d'un vieux *mononcle*.

À l'instar de *LOVE*, nous avons décidé qu'il n'y aurait pas de « personnificateurs ». C'était aussi le souhait des producteurs. Il nous fallait surprendre et être inventifs dans l'évocation d'Elvis. Nous avons intégré entre autres des images de quelques-uns de la trentaine de films qu'il a tournés. Sur scène, ses chansons étaient illustrées par de grands tableaux interprétés par des danseurs, mais aussi des acrobates. Par exemple, le numéro de *Viva Las Vegas* était constitué de 40 danseurs habillés en Elvis. C'était impressionnant. Sur le plan musical, les arrangements des chansons ont été retravaillés, et d'excellents musiciens accompagnaient des enregistrements de la voix de velours du King.

Viva Elvis était un très bon *show*, très musical, visuellement somptueux et avec de grands numéros acrobatiques. Cependant, il n'a pas eu le succès escompté. Je pense que c'est dû à trois raisons. Premièrement, même si les plus jeunes connaissaient le nom d'Elvis, ils ne voulaient pas dépenser 100 $ pour voir un spectacle qui lui était consacré. C'était vraiment de la musique de la génération de leurs parents, et même de leurs grands-parents ! Deuxièmement, contrairement aux Beatles, qui ont écrit et composé 175 chansons, Elvis Presley était un interprète. Un interprète de génie, mais dans toutes sortes de styles musicaux. Il a enregistré plus de 700 chansons, de *Jailhouse Rock* à *White Christmas*, et sa grande force était d'être un extraordinaire performeur avec une présence unique sur scène. Il était beau, sexy et savait plaire aux spectatrices. Donc, même avec des danseurs exceptionnels, le meilleur orchestre en ville et des effets visuels à couper le souffle, les vrais *fans*, ceux qui étaient prêts à payer le prix fort pour voir le spectacle, étaient frustrés de l'absence de leur idole. Ils auraient sans doute préféré voir un imitateur. Troisièmement, le casino où était présenté le spectacle était nouveau. Malgré son nom, City Center était loin de la Strip, et son théâtre, mal situé. Ce qui n'aurait pas été important si le casino avait fonctionné à plein rendement. À Las Vegas, il faut, bien sûr, avoir un bon spectacle, mais la locomotive reste toujours le casino.

En 2005, le Cirque a eu la proposition de créer un spectacle pour de nouveaux casinos à Macao, en Chine. Le gouvernement chinois avait accordé des licences à des propriétaires de casinos de Las Vegas pour qu'ils y construisent des casinos et les exploitent pour lui. Pour pouvoir y jouer, les Chinois du continent devaient obtenir un permis qui les autorisait à y aller une fois par mois. Le jeu est une grande tradition en Chine. Il y avait donc une clientèle potentielle importante. Selon l'entente avec les autorités chinoises, les investisseurs devaient inclure un volet culturel dans leurs casinos. Le Venetian de Las Vegas avait obtenu une licence et ses représentants ont dit au Cirque du Soleil : « Nous voulons un spectacle comme *Mystère*. » Nous avons accepté en leur disant qu'ils devaient tout payer, car, pour nous, Macao était un marché en développement et nous ne voulions prendre aucun risque. Ils ont accepté. En 2008, nous avons créé *Zaia*, mis en scène par Gilles Maheu, avec une équipe de créateurs avec laquelle il était habitué de travailler. Le spectacle reposait sur les habituels numéros d'acrobatie, mais il y avait aussi un important volet de danse. C'est pour cette raison que nous avions choisi Gilles, qui s'était fait connaître avec sa troupe de théâtre-danse Carbone 14, et qui avait connu un énorme succès avec la comédie musicale *Notre-Dame de Paris*. Gilles était le bon metteur en scène pour ce projet, et, si nous avions fait le même spectacle à Las Vegas, il jouerait peut-être encore aujourd'hui. À Macao, cependant, ça n'a pas bien marché. Le théâtre était vraiment trop grand. Nous nous étions dit : « On s'en va pour la première fois en Chine : on va le jouer gros ! » C'était une erreur. Ensuite, les gens viennent à Macao pour jouer, pas pour aller voir un spectacle. Ils entraient dans la salle, assistaient à la moitié du *show* et s'en allaient. Même si nous leur avions donné des billets gratuits, ils auraient préféré jouer. L'ambiance était vraiment incroyable. Les Chinois faisaient la queue aux tables de blackjack pour avoir un siège. Les salles de jeu étaient trois à quatre fois plus vastes que les plus grandes de Las Vegas. La majorité des Chinois continentaux venaient en voyages organisés, des forfaits qui incluaient l'hébergement et les repas, mais pas notre spectacle. Les salles de *Zaia* étaient à moitié remplies alors qu'elles auraient dû l'être au moins à 75 %. Tous nos frais étaient remboursés, mais nous ne faisions pas le profit que nous avions espéré. *Zaia* a quand même tenu trois ans et demi, période au terme de laquelle nous nous sommes entendus avec le producteur qui voulait tout arrêter. Comme le Cirque avait un contrat de cinq ans, il a eu droit à une compensation, mais ce fut un échec pour cette première percée asiatique.

Un autre demi-succès de cette époque a été *Zed*, toujours en 2008. Disney nous a approchés pour faire un spectacle permanent dans un parc thématique de Tokyo, un peu sur le même principe que celui de Disney World, à Orlando. Nous avons travaillé avec les architectes québécois Saucier et Perrotte pour concevoir le théâtre. Le producteur japonais a construit un magnifique édifice qui ressemblait à un cristal, tout blanc et lumineux. J'ai demandé au cinéaste François Girard de faire la mise en scène. Le spectacle était grandiose, mais ne fonctionnait pas au maximum de sa capacité. Encore une fois, le maillon faible de la chaîne était le marketing fait par la compagnie. Nous présentions le spectacle dans le parc Disney, mais le forfait d'entrée n'incluait pas le spectacle.

Nos producteurs, Eastern Land Corporation, savaient vendre des forfaits pour leur parc thématique, mais n'avaient aucune idée comment vendre notre spectacle. Sans promotion et sans réseau de billetterie, les salles étaient remplies à 50 %, et *Zed* a joué pendant trois ans. En 2011, tout s'est arrêté quand il y a eu le tsunami. Le Disney World de Tokyo était sur la côte et a été complètement inondé. Le parc a dû fermer ses portes pour être nettoyé, et ce fut la fin de *Zed*.

D'un point de vue créatif, nous avions respecté nos engagements. *Zed* était un très bon spectacle, tout comme *Zaia*. Le maillon faible, c'était la mise en marché sur des territoires que nous ne connaissions pas, ainsi qu'un excès de confiance de notre part à l'égard de nos partenaires. Si les billets du spectacle avaient été inclus dans un forfait, nous aurions peut-être eu du succès. Nous ne le saurons jamais...

Un autre succès mitigé a été *Believe*, le spectacle du magicien Criss Angel, toujours en 2008. Il faut croire que ce n'était pas notre année chanceuse! Guy Laliberté a toujours aimé la magie. Il a souvent dit qu'un jour, le Cirque ferait un spectacle de magie. De mon côté, j'ai toujours pensé que la magie ne tient qu'à une chose: la personnalité du magicien. Sinon, ce sont presque toujours les mêmes trucs et les mêmes illusions. Criss Angel faisait de la magie depuis une dizaine d'années. Il avait été révélé au grand public par une série d'émissions de télévision qui connaissait un succès enviable. Il a rencontré Guy et l'a convaincu de faire un *show* avec le Cirque en lui disant: «Personne ne fait de la magie comme moi. Je suis un *bum*, je suis rock'n'roll, j'ai un côté *trash*. C'est ce que je vends et je fais ma magie à travers cette personnalité. Je suis différent.» Son approche était assez novatrice parce qu'en général, l'image du magicien est celle d'un monsieur assez enjôleur et sécurisant comme David Copperfield. Guy Laliberté s'est toujours considéré comme un peu rebelle et ce côté de Criss Angel lui plaisait.

Le défi à relever pour ce *show* était d'arrimer le côté *trash* de Criss Angel à l'image du Cirque du Soleil qui ne l'est pas du tout. Nous avons fait appel à Serge Denoncourt pour la mise en scène, qui a fait un excellent travail en créant, avec Mérédith Caron aux costumes, des personnages originaux dans des tableaux théâtraux assez baroques. Nous avions un beau scénario et la rencontre des deux mondes était vraiment intéressante, même si les numéros de magie étaient assez classiques. Mais Criss n'aimait pas beaucoup la théâtralité amenée par Serge, et son niveau de jeu comme comédien était très mince. La seule chose qu'il pouvait jouer, c'était le gars *trash*, avec ses grosses bottes de construction, sa bedaine à l'air et ses pectoraux bien en évidence. C'est ce qu'il est et c'est ce que le public voulait voir. J'ai travaillé à mettre le spectacle en place, tout en partageant mon temps avec *Zaia* et *Zed*, de l'autre côté de la terre! À un moment donné, j'ai rencontré Serge parce que j'entendais des histoires déroutantes sur les relations avec l'équipe artistique. Serge m'a confirmé que la relation était difficile et que Criss ne voulait suivre aucune de ses indications. Celui-ci répétait qu'il avait pris une entente avec Guy Laliberté, et que le scénario proposé par Serge n'était pas ce qu'il souhaitait faire. J'ai rencontré Criss Angel afin d'essayer de régler la situation. Ça ne s'est pas passé comme prévu... Quelque temps auparavant, j'avais donné une entrevue à un journal de Los Angeles. Le journaliste m'avait demandé pourquoi le Cirque faisait un spectacle avec Criss Angel. Je lui avais répondu que nous voulions faire un *show* de magie depuis longtemps et que, lorsque Criss Angel nous avait approchés, nous lui avions dit oui.

«Oh! ce n'est pas le Cirque qui a choisi Criss Angel? m'a demandé le journaliste.

— Pas vraiment, cela aurait pu être n'importe quel magicien, même David Copperfield. »

J'étais en réunion avec Criss pour essayer d'arranger les choses. Je lui ai expliqué que nous voulions travailler avec lui en faisant, par exemple, des ateliers d'acteurs et qu'il devait faire confiance à Serge. Je sentais la tension monter. Et là, les dents serrées, il m'a montré un article de journal et m'a demandé :

« Est-ce que c'est vrai que tu as dit à un journaliste que le Cirque aurait pu faire un show avec n'importe quel magicien ?

— Oui, j'ai dit ça.

— Et tu penses que vous auriez pu faire un show de magie sans moi ?

— Oui, bien sûr. »

Il est devenu enragé. Il m'a sauté dessus pour me frapper, et son garde du corps a dû l'empêcher d'aller plus loin. Il a empoigné Criss pour le neutraliser pendant que celui-ci criait : « Je vais te tuer ! » J'étais sous le choc, mais je suis resté calme. J'ai dit à Serge que je n'avais plus rien à faire avec ce gars-là. J'ai appelé Guy pour lui dire de ne plus compter sur moi en ce qui concernait Criss Angel. Finalement, *Believe* a commencé en septembre 2008 avec des critiques peu élogieuses. Les journalistes se demandaient pourquoi le Cirque s'était associé avec quelqu'un d'aussi éloigné de son ADN. Six mois plus tard, j'ai assisté à une représentation de *Believe* pour voir si le spectacle avait évolué. Criss Angel avait pris le contrôle et avait changé toutes les scènes proposées par Serge Denoncourt. Il est venu me voir après le spectacle et il s'est excusé pour ses gestes violents, tout à fait inappropriés. Je lui ai dit que c'était oublié. C'était vrai, mais, pour moi, dans mon for intérieur, c'était trop peu, trop tard. J'ai dit à Daniel Lamarre, le président du Cirque du Soleil : « Sur l'affiche, c'est écrit que ce *show*-là a été créé par le Cirque du Soleil, mais Criss Angel a supprimé tous les éléments théâtraux. C'est devenu un *show* de magie qui n'a plus rien à voir avec nous. On ne peut pas se retirer parce qu'on a un contrat avec lui et avec MGM, mais on devrait écrire « Le Cirque du Soleil présente… » en tout petit, en bas de l'affiche. Ce gars-là est en train de détruire notre image.

C'est ce que nous avons fait. Je n'ai jamais revu Criss Angel, mais son show roule encore à Vegas, huit ans plus tard. Tant mieux pour lui !

En 2011, nous avons proposé à François Girard de faire la mise en scène de *Zarkana*. Nous voulions créer un spectacle pour New York, et nous nous sommes dit que nous allions le jouer le plus gros possible. Nous avons donc choisi le Radio City Music Hall, une des salles les plus mythiques de Broadway. L'année précédente, j'avais été malade : épuisement, bronchite et système immunitaire à plat. C'est là que j'ai décidé qu'il valait mieux préparer ma retraite avant d'y laisser ma peau. J'ai donc organisé, avec Guy Laliberté, la mise en place d'un nouveau vice-président création que j'épaulerais. De mon côté, j'agirais, comme Guy, en tant que « guide créatif » sur les projets. C'est ainsi que Jean-François Bouchard, qui avait développé beaucoup de projets spéciaux pour le Cirque, s'est retrouvé responsable du contenu créatif, entre autres de celui de *Zarkana*.

Quelque temps plus tard, je suis allé voir où en était la production. J'ai constaté qu'il y avait de sérieux problèmes et que j'aurais dû m'impliquer de plus près. C'était un gros fouillis. La dramaturgie de *Zarkana* était trop compliquée, et on avait du mal à suivre les personnages principaux qui évoluaient à travers un enchaînement de grands numéros acrobatiques. Le mandat avait été donné à Jean-François Bouchard et à François Girard de jouer gros, mais il se passait beaucoup trop de choses sur scène. On perdait complètement le fil de l'histoire. Cette surenchère était due au fait que tout le monde voulait frapper un grand coup à New York, mais nous avions oublié l'expression «*Less is more*»! Il fallait donner un fil conducteur à cette énorme machine et resserrer la trame narrative. C'est à cette étape que François Girard et moi avons eu des «différends artistiques». Guy m'a dit: «Laisse-le finir son show et, après, on ajustera.» Je lui ai répondu qu'il faudrait être plus directif et que de laisser faire allait coûter beaucoup d'argent. Finalement, François a eu le champ libre et il s'est bien tiré d'affaire.

Le spectacle a commencé à New York comme prévu. Malgré des critiques tièdes, le public a suivi, mais, même s'il y avait beaucoup de spectateurs, ce n'était pas suffisant. La plupart des théâtres de Broadway ont moins de 2 000 places. Au Radio City Music Hall, il y en a 6 000! C'est comme si le plan d'affaires n'avait pas tenu compte de l'immensité de cette salle qu'il fallait remplir tous les soirs. Nous ne perdions pas d'argent, mais nous n'en gagnions pas non plus. Cela dit, il y avait de très belles choses dans *Zarkana*, entre autres un fabuleux numéro de trapèze de Willie Golovko. Des années auparavant, j'avais vu, à Moscou, *The Flying Cranes*, un numéro de trapèze grandiose créé par Willie, qui avait été encensé partout dans le monde. Il durait presque vingt minutes, sur une musique wagnérienne, et mettait en scène des hommes qui, une fois morts, vont au ciel. D'un point de vue théâtral, c'était très nouveau. Pour *Zarkana*, je lui ai proposé de monter un numéro de trapèze volant hors du commun. Grâce à notre amitié, il a accepté, et il a créé *Grand volant*, un numéro à trois trapèzes qui se balancent simultanément. C'était sublime d'adresse acrobatique et de poésie.

Zarkana a joué à New York pendant tout l'été, et ensuite, comme prévu, au Madrid Arena, dans la capitale espagnole, et au théâtre du Kremlin, à Moscou. Après, comme *Viva Elvis* était terminé, nous avons installé *Zarkana* dans le théâtre du City Center.

Le premier vrai *flop* du Cirque a été *Banana Shpeel*, en 2009. David Shiner, un grand clown et mon ami, avait manifesté le souhait, en 2005, de faire la mise en scène d'un spectacle du Cirque en chapiteau. Nous avions donc monté *Kooza* avec lui, où, pour la première fois, le Cirque du Soleil réinterprétait le cirque traditionnel en y intégrant des numéros classiques : une roue de la mort, un numéro de double fil de fer, qui était vraiment à glacer le sang, reprenant l'aspect de danger du cirque traditionnel, mais sans aller jusqu'à présenter des numéros avec des animaux. Il y avait aussi un trio de clowns, que David avait monté, et qui était drôle, absurde et original. Le spectacle a très bien marché, et marche encore très fort en tournée à travers le monde. Fier de ce succès, David nous a dit qu'il aimerait monter un spectacle pour un théâtre de Broadway, quelque chose de plus intime, inspiré du vaudeville, avec de la danse à claquettes, des numéros de clown et de l'acrobatie. Nous pensions que c'était une belle idée et nous avons lancé le projet avec David comme metteur en scène et Serge Roy comme directeur de création.

À l'automne, Guy Laliberté partait dans l'espace, et il voulait absolument que ses amis assistent au décollage de la fusée, au Kazakhstan. Je lui ai dit que je ne pouvais pas y aller, car je devais rester à Montréal afin de superviser les répétitions de *Banana Shpeel* et m'assurer que tout se déroulait bien. Guy m'a dit qu'il avait confiance en David Shiner, et qu'il était important pour lui que je sois là. Finalement, mon épouse Monique et moi sommes allés au Kazakhstan avec une trentaine d'amis de Guy pour lui souhaiter bon voyage. Quand nous sommes revenus, un mois plus tard, une présentation de *Banana Shpeel* avait déjà eu lieu au studio du Cirque pour nos partenaires new-yorkais. Aldo Giampaolo, le producteur qui représentait le Cirque, était présent et m'a dit qu'il avait presque honte de ce qu'il avait vu. La production se déplaçait déjà à Chicago, où le spectacle devait être finalisé et présenté en avant-première avant d'être joué à Broadway au printemps. J'ai regardé les vidéos de la présentation et j'ai été très déçu. J'ai rencontré David Shiner et Serge Roy pour leur dire que leur scénario ne se tenait pas et qu'il fallait se rabattre sur ce qui fonctionnait, des valeurs sûres comme les clowns et les danseurs. David est sorti de ses gonds parce que nous changions sa vision. J'ai dû remercier certains artistes et d'autres collaborateurs ont été engagés. Nous avons continué à travailler à Chicago, mais l'ambiance était très tendue. Je suis parti en vacances au Mexique pour me reposer. J'étais épuisé par toute cette tension accumulée et l'année de production intense que je venais de vivre avec la création de trois spectacles.

Les représentations de *Banana Schpeel* ont commencé à Chicago peu de temps avant Noël et la réception du public a été très mitigée. Les producteurs new-yorkais sont venus voir le spectacle. Ils nous ont ensuite dit que ça ne passerait pas dans la Grosse Pomme. Puis, les critiques de Chicago ont écrit que le Cirque du Soleil avait perdu sa « *magic touch* ». Ça allait vraiment mal. J'ai abrégé mes vacances au Mexique et je me suis rendu d'urgence à Chicago pour essayer de réparer les pots cassés, mais c'était difficile de trouver des solutions pendant le temps des fêtes. La seule possible était de répéter à New York, où nous aurions plus de ressources, et de repousser la date de la première new-yorkaise afin de bénéficier d'un mois de répétitions supplémentaire. Je me suis mis de nouveau au travail, mais, très vite, j'ai réalisé que j'étais rendu au bout du rouleau. David Shiner était têtu et ne voulait pas m'écouter. Il ne voulait parler qu'à Guy Laliberté. J'ai dit à Guy de faire ce qu'il voulait et que je me retirais du spectacle pour me reposer. Je n'en pouvais plus. J'avais tiré sur l'élastique trop longtemps et, si je ne m'occupais pas de ma santé mentale et physique tout de suite, j'allais en payer les conséquences. Finalement, *Banana Shpeel* a commencé à New York à la fin avril 2010, encore plus tard que prévu. David Shiner était parti avant la première, et Michel Granger, le directeur de production, a dû trouver des gens pour terminer la mise en scène du spectacle. Les critiques ont été assassines. Le spectacle a duré à peine deux mois à New York et quinze jours à Toronto. La tournée annoncée a été annulée, mais ce n'était plus de mon ressort. Moi, j'essayais de sauver ma peau.

MON DERNIER
TOUR DE PISTE

J'ÉTAIS VRAIMENT MALADE. JE NE TRAVAILLAIS PLUS, MAIS j'étais épuisé et à bout de souffle. C'était la première fois de ma vie que je me sentais aussi à plat. J'ai perdu du poids et je toussais beaucoup, mais les médecins n'arrivaient pas à trouver ce que j'avais. Finalement, ils m'ont dit que j'avais une pneumonie et, à l'automne, je suis rentré à l'hôpital, où j'ai passé toutes sortes de tests. Les examens ont révélé que mon système immunitaire était déréglé. La pneumonie avait dégénéré et j'avais des champignons dans les poumons. Les médecins ne savaient pas d'où ça venait. C'est le genre d'infection que j'aurais pu attraper n'importe où, dans n'importe quel environnement humide, en Chine ou dans la cave de ma maison. Ce type de champignons flotte dans l'air et, s'ils ne sont pas filtrés par les bronches, ils s'installent dans le système respiratoire. Je suis resté cinq semaines à l'hôpital pendant lesquelles Monique a veillé sur moi jour après jour. Mes amis m'ont visité parce que personne ne savait si j'allais m'en sortir. Ils venaient, en quelque sorte, me faire leurs adieux... Finalement, j'ai réussi à passer à travers, six semaines plus tard.

J'avais perdu 35 livres et j'ai eu du mal à marcher pour rentrer chez moi. J'avais failli mourir.

Ma convalescence a duré plusieurs mois. Je me déplaçais avec une marchette, et je n'étais pas capable de monter un escalier. Heureusement, petit à petit, j'ai pris du mieux. Au printemps, Guy Laliberté est venu manger à la maison pour voir comment j'allais. Je lui ai dit:

«Je suis en train de remonter la pente. Je vais donner une année au Cirque, peut-être deux, et puis je vais me retirer.

— Avant de partir, peux-tu m'aider à mettre quelques personnes en place?

— D'accord, mais, une fois que ce sera fait, je m'en irai.»

Je suis donc resté au Cirque comme guide créatif, mais je ne faisais plus du tout d'administration. À cette époque, Monique et moi passions une partie de l'hiver à San Pancho, un village au nord de Puerto Vallarta, là où, quelques années plus tard, nous allions mettre sur pied une petite école de cirque.

Je connaissais Monique depuis 1992, quand elle a commencé à travailler à l'atelier de costumes, au Cirque. Au fil des années, nous nous étions croisés à quelques reprises et nous avions des amis en commun, mais nous ne nous fréquentions pas. Je l'ai revue à Las Vegas, à l'été 2003. Le Cirque était en train de mettre en place *Zumanity* – un *show* assez osé pour le Cirque–, qui traitait de la sexualité sous toutes ses formes. La production n'allait pas bien et Guy m'avait demandé de l'aider à la remettre sur les rails. Tout le monde voulait repousser la date de la première. Le moral était au plus bas. Je me suis dit:

«Ce *show*-là va marcher. Tout le monde aime être en amour. Il faut simplement l'approcher de la bonne façon. Le sexe, c'est une belle expression de l'amour, et c'est le *fun*! Il faut rire. L'humour va dédramatiser un sujet potentiellement scandaleux pour le public américain.» J'ai rencontré Dominic Champagne, qui faisait la mise en scène avec René-Richard Cyr, et nous avons cherché des pistes de solution. Je devais partir en vacances aux Îles-de-la-Madeleine, mais Guy Laliberté m'a dit: «Aide-moi à régler les problèmes de *Zumanity*, les Îles seront encore là après.» J'ai donc été réquisitionné pour faire aboutir le *show*.

J'ai rencontré Thierry Mugler, qui concevait les costumes de *Zumanity*. Sa vision ne correspondait pas à celle de Guy et Dominic. Son regard sur les femmes était très condescendant. Il les transformait avec de faux seins, des masques, des costumes qui cachaient toute leur féminité. Je lui ai expliqué que nous souhaitions voir de la chair, des seins, des fesses. Et que, s'il ne livrait pas la marchandise, j'allais moi-même mettre les ciseaux dans ces créations, façon *Orange mécanique*! Il est devenu livide et, offensé, il est parti en me disant que nous faisions fausse route, que les filles n'étaient pas belles et qu'elles avaient besoin de ses prothèses. En fait, il s'en foutait: il avait son contrat et nous pouvions faire ce que nous voulions. Les gens de l'atelier de costumes avaient été au courant de l'échange musclé entre Mugler et moi. Je m'y suis donc rendu pour rassurer tout le monde, et c'est là que j'ai revu Monique.

«Salut. Qu'est-ce tu fais là? lui ai-je demandé.

— J'ai été réquisitionnée pour aider l'atelier parce qu'il paraît qu'il va y avoir beaucoup de changements.

— Moi aussi, j'ai été réquisitionné. On pourrait aller souper ensemble, ça serait bien de se connaître un peu plus.

— Excuse-moi, mais un des grands boss qui va souper avec une fille de l'atelier, ça ne passe pas et ça va faire jaser. Ça ne me tente pas trop.

— Invite des gens. Je n'ai pas de problème avec ça. On pourra passer un moment agréable entre vieux amis. »

Le lendemain soir, elle est arrivée au restaurant italien où je l'avais invitée, accompagnée de 12 amis! Je lui ai dit: «T'avais vraiment peur des rumeurs pour arriver avec 12 chaperons!» Elle a ri, mais je suis sûr qu'elle n'avait pas peur de moi, peut-être d'elle-même… Nous avons passé une excellente soirée parce que ces «chaperons» étaient tous des anciens du Cirque, qui avaient travaillé avec moi sur plusieurs productions. Le lendemain, Monique et moi sommes allés manger au restaurant Picasso du Bellagio, en tête-à-tête. Ce soir-là, nous nous sommes vraiment parlé. Elle m'a confié qu'elle n'était pas très heureuse dans son couple. Après le repas, nous sommes partis nous promener dans le vieux Vegas et nous avons visité toutes les *wedding chapels*. Nous avons beaucoup ri. J'étais en train de tomber sérieusement amoureux, et elle aussi. Et cette belle histoire dure depuis treize ans.

J'avais décidé de prendre ma retraite en 2014, en même temps que le 30ᵉ anniversaire du Cirque. Daniel Lamarre m'a proposé de superviser les célébrations tout au long de l'année et d'organiser la fête-anniversaire qui devait avoir lieu en juin. Il me l'a proposé parce que j'étais le seul à avoir une vue d'ensemble sur ces trente années: mis à part Guy, j'étais le seul à avoir fait partie du Cirque depuis les débuts, et même avant. J'ai dressé une liste de choses que nous pourrions faire, mais, avant tout, je savais qu'il fallait remercier les employés et, pour la première fois, inviter aussi leurs compagnes et leurs compagnons pour notre grande fête annuelle. Quand j'ai parlé de cette idée, l'équipe a émis des réserves :

«Ça va faire plus de 2 000 personnes. C'est beaucoup de monde.

— Oui, j'ai calculé qu'il y aurait 3 000 invités.

— On devra le faire dehors. S'il pleut...

— Ne vous inquiétez pas, il ne pleuvra pas. Il ne pleut jamais quand on fête l'anniversaire du Cirque du Soleil.»

J'avais une telle confiance que je les ai convaincus. Ensuite, j'ai persuadé Daniel Lamarre de célébrer la fête le dimanche, et de donner congé le lundi à tous les employés. Les anniversaires précédents avaient toujours eu lieu un vendredi et, au Cirque comme partout ailleurs, les gens sont contents de fêter, mais ils arrivent un peu fatigués de leur semaine de travail. Je voulais que tout le monde soit bien reposé, qu'ils soient tous pleins d'énergie et qu'ils fêtent toute la soirée, avant de passer le lundi à dormir ! Nous aurions pu le faire le samedi, mais, je ne sais pas pourquoi, je tenais à le faire le dimanche. Une intuition, peut-être...

Le week-end des célébrations est arrivé : le vendredi, il a plu à boire debout et, le samedi, nous marchions dans la boue. Le dimanche, tout avait séché et il faisait un soleil éclatant. Les gens venaient me voir pour me demander comment j'avais fait pour savoir qu'il allait pleuvoir le vendredi, et pas le dimanche ! Cette fête a vraiment été mémorable. Il y avait toutes sortes d'événements pour marquer le coup : des clowns qui avaient joué avec le Cirque et que j'avais invités pour faire un numéro de cabaret, des employés qui avaient monté des extraits de *La légende d'Alexis*, la Fanfare Pourpour, qui était venue jouer. Ensuite, il y a eu des numéros d'artistes issus du Cirque et qui avaient créé leur propre compagnie, comme le Cirque Éloize et Les 7 doigts de la main. J'avais demandé que soit louée une grande roue et qu'elle tourne toute la soirée. Debbie Brown avait monté *Cry Freedom*, une chorégraphie mythique de *Nouvelle expérience*. Tous les employés présents y participaient, accompagnés sur vidéo par tous les employés et artistes des quinze productions en cours à travers le monde. C'était grandiose. J'avais développé le projet de la célébration avec Benoît Mathieu, de l'équipe des projets spéciaux, et j'avais été surpris que toutes mes idées soient acceptées.

Vers minuit, un spectacle a débuté avec un numéro de fil de fer. Le fil partait de l'extérieur du terrain des festivités, passait au-dessus de la foule pour se rendre au studio du Cirque. Le funambule faisait son numéro sur la première musique jouée au Cirque du Soleil, en 1984, composée par René Dupéré, et intitulée *Le Funambule*. C'était un très beau moment, comme un trait d'union entre le passé, le présent et le futur.

Le moment dont je me souviens avec le plus d'émotion, c'est quand, en plein milieu de la soirée, j'ai été appelé sur scène. Je ne m'y attendais pas du tout. Je me retirais du Cirque, et, pour marquer l'occasion, Guy avait fait préparer dans le plus grand secret une vidéo dans laquelle plein de gens que j'avais connus et aimés au cours des trente dernières années livraient leurs témoignages : des anciens des débuts à Las Vegas, des clowns, des amis que je n'avais pas vus depuis longtemps, et Paul McCartney, qui me souhaitait toutes sortes de belles choses. Sir Paul McCartney! Et l'hommage, parce que c'en était un, se terminait sur des images d'archives de ma marche en échasses de Baie-Saint-Paul à Québec. Trente-cinq ans de ma vie ont défilé sous mes yeux. Ils ont réussi à me faire pleurer! Et je n'étais pas le seul. Beaucoup de gens étaient en larmes. Vincent, un de mes fils, avait revêtu mon costume d'Alexis et chaussé mes échasses pour traverser la foule et m'apporter un bouquet de ballons. Une sculpture de mes chaussures d'échasses coulées dans le bronze m'a été offerte. Oui, j'accrochais vraiment mes échasses!

C'est de cette façon que s'est achevée ma grande aventure avec le Cirque du Soleil. Et cette dernière fête, que j'avais imaginée, était vraiment pour moi! J'ai dit aux employés réunis qu'ils allaient me manquer, que je m'étais rarement senti un *boss* pour eux et que j'étais très fier des spectacles extraordinaires que nous avions créés ensemble.

J'ai toujours cherché à avoir un impact sur ma propre vie. La générosité des nombreux mentors qui ont croisé mon chemin m'a poussé à me dépasser. J'ai toujours recherché des alliés pour bâtir un monde meilleur et donner du bonheur. Je remercie les gens avec qui j'ai travaillé et de qui j'ai tant appris. J'ai été très chanceux de participer à la grande aventure du Cirque du Soleil. Nous formions une grande famille qui vibrait dans la création, la beauté et l'amour. Merci à tous et à toutes d'avoir voyagé avec moi.

CIRCO DE LOS NIÑOS

IL Y A DIX ANS, MONIQUE ET MOI AVONS ACHETÉ UNE MAISON à San Pancho, un village de 2 000 habitants au nord de Puerto Vallarta, au bord du Pacifique. J'étais déjà allé dans cette région de la côte ouest du Mexique dans les années 1970, et j'avais beaucoup aimé l'atmosphère qui y régnait. Le lieu est magnifique, entre la mer et les montagnes de la Sierra Madre, et les gens sont calmes et accueillants. Au départ, nous avions acheté cette maison pour mes «vieux jours», bien que je ne sois pas vieux: je vieillis, mais je ne suis pas vieux! À San Pancho, il existait déjà un centre communautaire très actif, qui s'appelle Entre Amigos, mis en place par des expatriés et des retraités. Ils organisaient une collecte de fonds chaque année et je leur ai proposé de leur donner un coup de main en montant un petit spectacle avec les enfants du village. Ils ne me connaissaient pas du tout, mais je les ai assurés que j'avais un peu d'expérience dans la conception de spectacles! J'ai recruté des enfants du village et, avec l'aide de quelques bénévoles, nous avons confectionné des costumes et des accessoires dans des matériaux recyclés. J'ai fait venir du Québec des professeurs de Cirrus Cirkus, une petite école de cirque de

Saint-Lin. En trois semaines, nous avons monté un spectacle d'acrobatie et de jonglerie, qui a été présenté avec des «bouts de ficelles», quelques rideaux et quatre lumières. Tout le monde a été surpris et le spectacle a aidé la collecte de fonds pour Entre Amigos.

Les gens du centre communautaire étaient ravis, les villageois avaient aimé le spectacle et les enfants étaient emplis de fierté. Ils avaient tellement aimé leur expérience qu'ils nous ont demandé, à Monique et à moi, s'il y avait un moyen que ce projet continue. C'est à ce moment-là que nous avons eu l'idée de créer l'école Circo de Los Niños de San Pancho, un organisme mexicain à but non lucratif. Au début, nous fonctionnions avec le centre communautaire, mais l'école a rapidement pris de l'ampleur et le projet est devenu trop lourd pour Entre Amigos. L'école est maintenant indépendante, financée par des collectes de fonds, des partenaires privés comme la Fondation du Cirque du Soleil, et par moi, bien sûr. Pour s'y inscrire, les enfants doivent fréquenter l'école régulière.

Au début, les cours se donnaient dans une sorte de petit gymnase, mais il manquait de tout. J'ai réussi à récupérer un peu de matériel dans les entrepôts du Cirque et j'ai fait envoyer à San Pancho un trampoline, des tapis et des équipements acrobatiques de base. La première année, 60 enfants se sont inscrits et nous avons tout de suite senti que l'école répondait à un besoin d'activités pour les jeunes du village. Deux ans plus tard, j'ai constaté que les enfants commençaient à avoir des connaissances et une pratique acrobatique un peu plus solides. J'avais dans l'idée de monter un plus gros spectacle, à la façon du Cirque du Soleil, pour recueillir des fonds pour l'école. Mais, comme le lieu où ils répétaient était

vraiment trop petit, nous avons décidé de le faire en plein
cœur du village, sur la Plaza del Sol – la place du Soleil. Un
nom prédestiné! Il y avait déjà une scène en ciment qu'il a
fallu agrandir pour y installer une piste de cirque. Nous y
avons érigé une structure de portique pour accrocher un trapèze
et un tissu aérien. Pendant un mois et demi, les enfants ont
travaillé pour monter leurs numéros avec leurs professeurs
mexicains, encadrés par André Simard, grand maître de cirque
à la retraite. Pour faire le spectacle, j'ai demandé à Jean-Luc
Arène, de Cirrus Cirkus, et à sa fille Camille de venir nous
donner un coup de main.

Plusieurs personnes de la communauté se sont portées
volontaires pour faire les costumes, mais les résultats n'étaient
pas satisfaisants. Monique a alors ressorti ses ciseaux et elle
s'est occupée de la conception et de la confection des costumes.
Deux amies du Québec, Anne Sylvie Dunand et Carmen
Ruest, sont venues lui prêter main-forte. Pour ce spectacle,
beaucoup de costumes ont été fabriqués avec du Tyvek, une
fibre de papier et de nylon, dont on se sert en construction
comme coupe-vapeur! C'était une idée de génie parce qu'une
verge de quatre pieds de large de ce matériau ne coûtait que
10 cents. C'est une fibre malléable, assez résistante, qui se
coud bien et sur laquelle on peut peindre des motifs. Ce qui
donnait un *look* d'ensemble artistiquement très original.

Avec les moyens modestes dont nous disposions, nous
avons monté un spectacle dans le même esprit que ceux du
Cirque du Soleil, avec des numéros de groupe, des enchaînements menés par des personnages qui racontaient une histoire
poétique et de la musique sur bandes. Nous avons produit
le spectacle-bénéfice avec le centre communautaire et nous

avons installé 800 chaises devant la scène. Celles-ci étaient payantes. Les spectateurs qui ne payaient pas pouvaient assister au spectacle debout, à l'arrière. Ce fut un énorme succès. Nous avons fait le spectacle deux fois et, à chaque représentation, autour de 1 000 personnes y ont assisté. Tout le village était là et tous ces gens ont soudain pris conscience qu'il y avait un projet de cirque chez eux et que leurs enfants en étaient les vedettes. Nous avions impliqué les habitants de San Pancho comme bénévoles. Les parents étaient très fiers et les enfants aussi. Ce premier spectacle a eu un réel impact sur la perception que les gens avaient de leur village. San Pancho a toujours été un endroit dynamique et créatif, mais le spectacle de Circo de Los Niños donnait la preuve, aux adultes comme aux enfants, que tout était possible, ici même, et que la vie du village pouvait avoir une dimension artistique.

Quand j'ai vu cet enthousiasme, j'ai constaté à quel point le village tout entier était avec nous et, fort de cet appui, de cet élan, je me suis mis à rêver plus grand, à imaginer une véritable petite école de cirque qui fonctionnerait douze mois par année et qui pourrait aussi intégrer d'autres disciplines comme la danse. À cette époque, la seule activité sportive pour les enfants, c'était le soccer, véritable religion en Amérique latine, et c'était très bien. Pourtant, je me disais qu'en parallèle, ils auraient tout à gagner à développer leur côté créatif, et sans compétition. J'ai très vite réalisé que l'espace du centre communautaire était trop petit pour monter une école de cette ampleur. Je me suis mis à la recherche d'un lieu adéquat et j'ai trouvé, juste à côté du centre, d'anciens ateliers de transformation de fruits, des *bodegas* laissées à l'abandon. De grandes bâtisses sales et poussiéreuses, sans fenêtres, sans électricité, et parfois sans toit, mais avec beaucoup de potentiel. J'ai fait une demande officielle au gouvernement pour avoir la permission d'utiliser les lieux, et, comme nous n'avons jamais eu de nouvelles, nous avons occupé le bâtiment. J'ai engagé un entrepreneur à qui j'ai demandé : « Si tu laves tout, tu peins tout en blanc, tu bouches les trous dans le toit et le plancher, tu repeins l'extérieur et tu installes l'électricité, combien ça va me coûter ? »

Ça m'a coûté 35 000 $, mais nous avions un lieu adéquat pour que le programme Circo de Los Niños prenne racine. De retour à Montréal, j'ai visité les entrepôts du Cirque du Soleil, où j'ai ramassé des tapis de sol, des accessoires acrobatiques, des petits trapèzes, des vieux costumes, etc. J'ai rempli un camion de 45 pieds. Ensuite, direction Solotech, une des principales compagnies d'équipement de spectacles à Montréal. J'ai dit à François Ménard, un ami et patron de l'entreprise, que j'avais besoin de sonorisation et d'éclairage. J'ai rempli un autre camion avec ce qu'ils m'ont donné, et j'ai tout envoyé au Mexique. Le premier camion est arrivé juste avant Noël, et le second au début janvier. C'était un très beau cadeau du temps des fêtes ! Nous nous sommes installés dans nos locaux, et les enfants qui avaient joué dans le spectacle de l'année précédente sont venus nous aider. Ils avaient des étoiles dans les yeux. Carlito Dalceggio, un peintre ami, a exécuté des murales sur les murs de la *bodega* Circo. C'était magnifique !

Monique a ensuite monté un site Internet, en espagnol et en anglais, parce qu'aujourd'hui, pour qu'un lieu existe vraiment, il faut qu'il existe aussi sur le Web, même à San Pancho. Nous y expliquons nos buts, les programmes offerts, comment faire un don, etc. En 2011, il y avait 60 enfants et, aujourd'hui, il y en a plus de 140. Les parents étaient tout d'abord un peu méfiants. Dans un petit village comme San Pancho, les mentalités sont assez conservatrices, et le cirque mexicain n'a pas très bonne réputation. Au Mexique, les cirques sont très classiques, fondés par des familles et souvent très pauvres. Au fil du temps, les parents ont pu constater que les enfants aimaient vraiment ça, qu'ils étaient très fiers de ce qu'ils faisaient et, peu à peu, ils ont été séduits par l'idée d'inscrire leur fille ou leur garçon au Circo de Los Niños. Les enfants de l'école ont entre six et seize ans, mais ceux qui participent au spectacle doivent avoir plus de huit ans. Une communauté d'enfants et de parents s'est mise à graviter autour du Circo. J'ai recruté trois nouveaux professeurs, qui avaient été formés dans une école de cirque au Mexique. Ensemble, nous avons mis sur pied des programmes selon l'âge des enfants.

Pour le second spectacle, nous avons réalisé que la place du village était correcte, mais que le fait d'être à l'extérieur limitait certains aspects techniques. Et puis, il était impossible de répéter en plein après-midi quand il fait 30 degrés à l'ombre. Je voulais un environnement contrôlé pour que nous puissions mettre au point un plan d'éclairage, avoir un son adéquat, pouvoir suspendre des trapèzes, installer des éléments de décor, etc. Nous avons donc décidé de faire le prochain spectacle dans nos locaux. J'ai monté un vrai théâtre avec des rideaux, des coulisses et des gradins fabriqués par des menuisiers bénévoles à la retraite. Nous y avons placé des chaises louées, ce qui nous a donné 300 places. La moitié de la *bodega* était occupée par les sièges, l'autre moitié, par la scène. Cela donnait vraiment un *look* d'enfer ! J'avais récupéré des tissus et des rideaux au Cirque du Soleil et une toile de fond en tulle a été tendue sur laquelle nous faisions des projections avec le matériel de

Solotech. Monique, qui est aussi photographe, s'est occupée de ces projections. Plus de 60 enfants participaient au spectacle, toute une entreprise de mise en scène! Le spectacle était lumineux et plein de couleurs, et il a encore surpris tout le monde. Les enfants étaient magnifiques. J'avais récupéré de vieux costumes du Cirque qui allaient être détruits, et les enfants étaient très fiers de les porter. Nous avions réussi à créer un vrai spectacle de cirque dans ce petit village.

Chaque année, d'autres disciplines s'ajoutent aux cours offerts. Par exemple, cette année, nous avons récupéré un atelier voisin, abandonné lui aussi, où se donnent des cours de danse. Le chantier était de taille, car il n'y avait plus de toit et certains murs étaient à refaire. Avec l'aide de généreux donateurs, qui voyaient notre travail à San Pancho, nous avons pu concrétiser la *bodega* danse. Nous y avons investi 70 000 $ pour un espace de 1 800 mètres carrés. Aujourd'hui, l'ensemble des bâtiments du Circo de Los Niños couvre 4 000 mètres carrés. Dans cette nouvelle *bodega*, des cours de ballet, de danse folklorique et de hip-hop sont offerts. Ce type d'initiative rejoint plus de gens : faire du cirque n'est pas à la portée de tous les enfants, mais tout le monde peut danser. Ces ateliers de danse, également offerts aux adultes, font partie du programme des ateliers de cirque, mais certains jeunes ne viennent que pour la danse.

Notre programme est avant tout social, c'est l'aspect primordial au cœur de ce projet. Aujourd'hui, le principal défi est de stabiliser Circo de Los Niños, de lui assurer des bases solides et une structure qui lui permettront de poursuivre sa mission dans le futur. Petit à petit, c'est en train de devenir un véritable centre culturel. Les enfants ne viennent plus seulement de San Pancho, mais aussi d'autres villages de la région. Quand les gens me demandent pourquoi avoir fait ce projet à San Pancho, je leur dis que c'est parce que j'y suis établi et que j'y vis une partie de l'année. Et quand ils me soutiennent que j'aurais pu faire la même chose à Puerto Vallarta, je leur réponds qu'il s'agit d'une ville de 200 000 habitants, et que le projet aurait été radicalement différent. L'idée n'a jamais été de créer un cirque. *Been there, done that*! Le but n'est pas de faire de ces enfants des artistes de cirque. Si certains d'entre eux aiment le cirque au point de vouloir en faire un métier, nous pouvons les conseiller, et même, pourquoi pas, leur offrir une bourse, mais, au départ, Circo de Los Niños n'a pas été pensé dans ce but. C'est un programme parascolaire créé pour aider les enfants à avoir confiance en eux, à développer leurs aptitudes physiques et, par le fait même, leur estime de soi. Nous leur apprenons aussi à travailler en équipe parce que, pendant qu'on exécute un numéro de cirque, il est vital d'être à l'écoute et de respecter les autres. Les enfants s'initient également à la conception artistique et à la façon dont les différents aspects se mettent en place pour qu'un spectacle prenne forme. Par la pratique du cirque, ils apprennent concrètement des valeurs capitales pour devenir de meilleurs adultes. En plus de s'amuser!

J'ai une âme de producteur, celle d'un rêveur qui se réalise dans l'action, d'un contemplatif qui a besoin de créer. Ce que je fais aujourd'hui, à San Pancho, c'est, à une échelle réduite, ce que j'ai toujours fait au Cirque du Soleil pendant plus de trente ans: imaginer un projet, rêver d'un spectacle et, ensuite, trouver les bonnes personnes pour le réaliser et superviser chaque aspect de sa production. Jusqu'à ce que ce rêve devienne réalité. Conception, réalisation, construction, performance:

j'ai touché à tous les domaines, sur scène et dans les coulisses, mais j'ai aussi une vue d'ensemble, «le point de vue de l'oiseau», que j'ai découvert pour la première fois quand je suis monté sur des échasses dans un verger… Concevoir et présenter un spectacle avec les enfants de San Pancho me donne le même plaisir et autant de satisfaction que d'avoir participé à la création du Cirque du Soleil et de ses grands spectacles qui font le tour du monde. Et peut-être même plus parce qu'en toute modestie, je contribue, avec Circo de Los Niños, à l'épanouissement d'une communauté en donnant à ses enfants un outil qui fait leur fierté et qui, je l'espère de tout cœur, se développera encore très longtemps.

Un des plus beaux paradoxes de notre existence, c'est qu'il faut rêver sa vie avant de la vivre, mais cette vie, mystérieuse et toujours mouvante, place sur notre route des chemins que nous n'aurions jamais pensé emprunter. À première vue, San Pancho et Baie-Saint-Paul n'ont pas grand-chose en commun, et, pourtant, on y retrouve le même horizon où le regard porte à l'infini, ou presque. Au bord du Pacifique, j'ai aujourd'hui la sensation d'être revenu aux sources et je continue à mettre en pratique ce qui m'allume depuis plus d'un demi-siècle: la découverte de l'autre, le partage et la liberté. Jusqu'à mon dernier souffle, je continuerai d'imaginer l'avenir pour qu'il existe, et, ainsi, poursuivre ce qui m'a toujours guidé: oser créer du rêve.

TABLE DES MATIÈRES